幼儿园公用活动室研究丛书

丛书主编 虞永平 副主编 郑楚楚 张春霞

幼儿园公用活动室资源开发与利用

主　编　杨　洁
副主编　杨　艳　高志娟
编　委　陈梦丽　许颖婷　蔡春玉
　　　　张馨韵　程玉琳　王　赟

南京师范大学出版社

图书在版编目(CIP)数据

幼儿园公用活动室资源开发与利用 / 杨洁主编. —
南京 ：南京师范大学出版社，2024. 3
（幼儿园公用活动室研究丛书 / 虞永平主编）
ISBN 978 - 7 - 5651 - 5870 - 4

Ⅰ. ①幼… Ⅱ. ①杨… Ⅲ. ①幼儿园—教室—环境设
计 Ⅳ. ①G617

中国国家版本馆 CIP 数据核字(2023)第 182541 号

书　　名	幼儿园公用活动室资源开发与利用
主　　编	杨　洁
丛 书 名	幼儿园公用活动室研究丛书
丛书主编	虞永平
丛书副主编	郑楚楚　张春霞
丛书策划	张　莉
责任编辑	张丽琼
出版发行	南京师范大学出版社
地　　址	江苏省南京市玄武区后宰门西村 9 号(邮编:210016)
电　　话	(025)83598919(总编办)　83598319(客户服务部)　83598332(区域渠道部)
网　　址	http://press. njnu. edu. cn
电子信箱	nspzbb@njnu. edu. cn
照　　排	南京凯建文化发展有限公司
印　　刷	南京迅驰彩色印刷有限公司
开　　本	787 毫米×1092 毫米　1/16
印　　张	15. 25
字　　数	300 千
版　　次	2024 年 3 月第 1 版
印　　次	2024 年 3 月第 1 次印刷
书　　号	ISBN 978 - 7 - 5651 - 5870 - 4
定　　价	48. 00 元
出 版 人	张　鹏

总 序

让公用活动室成为给予幼儿的宝贵礼物!

这套系列丛书的筹备灵感源自两个方面:一是对幼儿教育深刻的理解和对幼儿成长需求的敏锐洞察,二是高质量学前教育发展对于幼儿园环境创设、保教质量提升的现实要求。

在瑞吉欧体系中,“环境”被视为儿童的“第三位老师”。空间环境是儿童成长、游戏的场所,也是儿童发展的重要资源。当教室无法满足儿童不断拓展的内在需要和发展需求时,公用活动室作为一种独立于教室之外的公共环境和活动空间,就成为幼儿园中一片蕴藏着无限可能和发展机会的创意天地。有效地创设和利用幼儿园公用活动室,能够满足幼儿游戏、操作、探索和学习的需要,为幼儿园实践保教活动、提升保教质量助力。幼儿园公用活动室的规划和运用不仅仅是空间设计,更是对高质量学前教育理念的践行。

多年来,在《幼儿园工作规程》《幼儿园教育指导纲要(试行)》等的倡导下,各级各类幼儿园陆续开始筹备和建设幼儿园公用活动室,但对于活动室的定位、材料配备、课程建设、科学使用和管理仍在探索阶段。为此,我们在全国范围内邀请了在公用活动室建设和使用上卓有成效的十余所幼儿园,分享他们在公用活动室筹建、发展、使用和管理中的宝贵经验和智慧结晶,汇编成了这套“幼儿园公用活动室研究”系列丛书。

整套丛书涵盖了科学、艺术、游戏、民俗、阅读、工程、生活等各类主题的公用活动室。每一本书都是对一个活动室多元功能的深度挖掘。书中不仅会详细展示幼儿园公用活动室的布置、区域的规划、材料的投放和管理,更提供了大量完整、鲜活、优质的公用活动室活动方案,呈现出公用活动室是如何提供一个充满想象力和探索欲望的环境,成为儿童生活和教育互动的一部分,并为儿童多样化的探索和表达提供机会和可能的。我们希望通过这套系列丛书，为幼儿园教育者、家长以及关心幼儿成长的所有人在幼儿园公用活动室的建设和使用上提供启发和指导。

丛书的顺利出版离不开社会各界的支持和帮助。感谢所有参与丛书编写的成员幼儿园，是你们的实践探索和慷慨分享，使得丛书的诞生成为可能。感谢南京师范大学研究生李可心、向诗雨、郭诗怡为书稿撰写做出的前期研究工作。感谢南京师范大学出版社学前教育分社张莉总编为丛书出版发行所付出的辛劳。

衷心希望"幼儿园公用活动室研究"系列丛书能够成为幼儿教育的得力助手，为幼儿的快乐成长添砖加瓦。愿每一位读者都能在这套丛书中找到灵感，让公用活动室成为给予幼儿的宝贵礼物，为幼儿创造一个充满欢笑和美好的世界！

谨以此序，献给所有关心幼儿成长的您。

郑楚楚

目　录

第一章　幼儿园公用活动室资源开发与利用概述 …… 001
一、公用活动室的定义 …… 001
二、公用活动室的创设背景 …… 002
三、公用活动室的创设理念 …… 002
四、公用活动室的价值 …… 004

第二章　体检中心 …… 007
一、创设背景 …… 007
二、创设价值 …… 008
三、创设目标 …… 008
四、环境设置 …… 009
五、活动方案 …… 012

第三章　布艺坊 …… 053
一、创设背景 …… 053
二、创设价值 …… 054
三、创设目标 …… 055
四、环境设置 …… 055
五、活动方案 …… 058

第四章　木工坊 …… 097
一、创设背景 …… 097
二、创设价值 …… 098
三、创设目标 …… 099

四、环境设置…… 099
五、活动方案…… 102

第五章 美食坊 …… 142
一、创设背景…… 142
二、创设价值…… 143
三、创设目标…… 144
四、环境设置…… 145
五、活动方案…… 146

第六章 绘本馆 …… 184
一、创设背景…… 184
二、创设价值…… 185
三、创设目标…… 185
四、环境设置…… 186
五、活动方案…… 188

第七章 幼儿园公用活动室活动组织策略 …… 224
一、坚持用整合的思想,组织公用活动室活动的内容 …… 224
二、开展多样性的教研活动,引领公用活动室的活动 …… 226
三、关注活动的生成,让公用活动室活动成为课程的再生资源 …… 228
四、结合本地文化资源,丰富公用活动室活动的材料和内容 …… 229
五、利用家长资源,开展导师制的公用活动室学习活动 …… 229
六、让博物意识融入公用活动室的环境创设…… 230

第八章 幼儿园公用活动室管理 …… 231
一、幼儿园公用活动室的管理内容…… 231
二、幼儿园公用活动室的管理原则…… 233
三、幼儿园公用活动室的管理制度…… 235
四、幼儿园公用活动室的人员管理…… 236

附:公用活动室使用制度 …… 238

第一章 幼儿园公用活动室资源开发与利用概述

2001年，教育部颁布《幼儿园教育指导纲要（试行）》（以下简称《纲要》），其中重要内容就是要对课程进行改造，随即地方课程、园本课程开发便应运而生。随着幼教事业的发展及研究者对幼儿课程的开发研究，教育者们不断重视幼儿生活经验及外界资源，充分利用园所可利用的一切资源，建构适合本园实情的园本课程，这是目前中国很多幼儿园正在进行的课程改革实践。在构建园本课程中，我园坚持生活化、游戏化理念，秉持以儿童发展为本，充分挖掘并利用苏地优秀文化资源、幼儿园园所、园所周边、家长及社区等资源，开展幼儿园公用活动室的研究，使我园公用活动室既成为我园园本课程实施的重要途径，又是课程实施的有效资源，促进幼儿在原有基础上获得发展。

在文献资料梳理过程中，我园对与公用活动室意义相近的"专用室""专用活动室"以主题或关键词进行搜索，相关文献并不多，其中完全有关于专用活动室内容或组织与实施的文献不足20篇。通过阅读这些文献我们了解到，目前，如何将公用活动室内容与课程内容的选择、组织实施等方面相结合的研究还相对较少，大多研究只是提出公用活动室活动可作为一种课程资源被利用，至于怎么开发、怎么利用以及如何整合都涉及很少，对公用活动室的研究大多停留在理论层面。尽管也有相关学者提出幼儿园专用活动室与课程相结合的重要性与必要性，如王伟莉、熊雅琴等，她们提出，很多幼儿园往往专注于专用活动室物质环境创设的多样性及材料提供的丰富性，而忽视了对专用活动室教育功能的开发与特色课程的构建和管理。鉴于此，我们认为，充分利用幼儿园公用活动室资源，科学地实现它的功能和价值，建构符合幼儿园自身特色的园本课程是具有理论意义和实践意义的。近几年，我们把幼儿公用活动室与课程研究相结合，进行了相关研究。

一、公用活动室的定义

我园的公用活动室是为幼儿所设置与创建的，是一种开放、自主的活动环境，其主要的功能是弥补教室空间的不足，给幼儿提供更充分、适宜的活动场地，使幼儿能在公用活动室中按自己的学习方式、速度、习惯去操作实践，从而为其自主充分发展提供保证。我园每个公用活动室都包含着不同的教育内容和材料，有其特定性与针对性，承担着发展幼儿某项或某方面情感和技能的任务。

基于已有研究，我们把我园“幼儿园公用活动室”概念界定为：它是班级之外的综合型与课程相结合的公用活动室，该公用活动室具有拟真的环境或情境，具有自己的空间及规则等相关制度，是一种开放的、注重幼儿个性发挥并能帮助幼儿增加体验感受的活动场所。幼儿通过在公用活动室活动，可以了解与掌握许多在集体教育活动中很难获得的有益的学习经验，我园的公用活动室注重开放、共享，是幼儿主动学习、主动构建知识经验的重要场所，也是实现我园幼儿课程目标的重要途径。

目前我园已设立的公用活动室有体检中心、布艺坊、木工坊、精工坊、美食坊、绘本馆等，每个公用活动室都形成了自己的规则制度，以帮助幼儿在专业公用活动室中游戏与学习，开创自主与创新的学习新模式，弥补区域游戏活动所不能满足的身心需要。我园公用活动室的开展注重与课程的有机结合，其内容不仅是班级区域活动的延伸，还是有关主题课程内容的体现，有些公用活动室的活动内容还是课程新内容的生发源泉。在我园公用活动室活动开展过程中，教师大力开展公用活动室资源研究，融入课程思考，鼓励幼儿在与材料、环境的相互作用中获得身体、情感、认知及社会性等各方面的发展。我园公用活动室有别于传统注重空间区域的活动室，它具有资源教室开放性、动态性等特点，也是幼儿园课程资源的一部分，更是我园园本课程实施的重要途径。

二、 公用活动室的创设背景

幼儿在公用活动室中所进行的活动强调人与环境、材料的相互作用，它既有别于以教师预设为主、具有高控制性的集体活动，又不同于空间狭小、材料相对单一的区域活动。从已有研究来看，传统幼儿园专用活动室等内容单一，缺乏与课程的有机整合。我园基于已有课程研究，充分挖掘文化及园内外各种资源等，结合课程主题、幼儿生活及兴趣经验等开展丰富的幼儿园公用活动室研究，挖掘公用活动室价值，同时鼓励教师善于发掘幼儿在公用活动室中的偶发事件等，生发出新的主题课程内容，从而达到公用活动室与课程的有机结合。在这样的教育理想与追求中，我园开启了幼儿园公用活动室的研究。

三、 公用活动室的创设理念

（一）生活教育理念

曾在20世纪，中国教育家陶行知就结合中国本土教育的发展情况，提出了符合中国国情的生活教育理论，其生活教育思想主要包括“生活即教育”“社会即学校”“教学做合一”三个方面，该思想强调教育要面向生活、依据生活并且为了生活，主张生活是教育的中心。陶行知先生的生活教育思想，概括表述为：“从定义上说，生活教育是给生活以教育，用生活来教育，为生活向前向上的需要而教育。从生活与教育的关系上说，是生活决定教育。从效力上说，教育要通过生活才能发出力量，从而成为真正的教育。”生活和经验是教育的灵魂，幼儿在生活中不断地丰富自己的经验，故而生活在幼儿教育中拥有不可替代的作用。

这给我们的启示是，教育要面向幼儿的现实生活，才能更好地显示其成效，幼儿的生活是教师构建课程内容的重要前提，这是课程源于生活的基础。如果不了解孩子已经拥有的经验和尚未形成的经验，那么就有可能造成经验的重复或者是经验的生疏，都不能达到教育的最终目的。教师应该从社会中发现教育问题和内容，教育要解决生活中的实际问题。有什么样的生活就应该有什么样的教育，生活与教育是一致的，教育来源于生活并且服务于生活，教育还需要紧跟时代的发展不断改革与发展、不断变化与创新，才能满足社会生产力和人们生活的发展需要。教育是行动的教育，只有幼儿亲身实践亲身体验，他所获得的经验才是直接的经验，他所获得的知识才是他自己内化的知识，这样的教育才是有成效的教育。陈鹤琴也曾说，“还原孩子生活的本来面目，给孩子生活原貌，让他在生活中学习”，所以我们要从孩子的生活入手，从生活中开展教育。

我园公用活动室在开展与运营上，注重为幼儿提供一个生活化、游戏化的环境，开展符合幼儿社会生活经验的课程，来促进幼儿已有经验的延展和认知等各方面能力与技能的提升。在公用活动室的内容来源与选择上，我园注重从幼儿生活出发，从幼儿的实际生活中发现公用活动室资源，创设适宜的教育环境，开展公用室活动，促进幼儿整体、和谐、主动、健康地发展。

（二）实习场学习理论

“实习场”使学习者走近生活，是一种“感性的、综合的学习情境”“探究性的、交往性的、创造性的学习情境”“合作学习、共同学习的情境”。实习场是当代建构主义学习理论中教与学的关于学习环境的一个隐喻，即在一个真实或拟真的学习环境中使学习者理解知识，这种真实的或者拟真的学习环境，给予学习者充分的参与实践的机会，使学习者走近生活，通过发现、使用知识去解决实际问题。实习场是利用真实的或者拟真的情境，而这样的情境充满了知识，让学习者在活动中计划、操作、交往、协商和行动体验中获得知识。因此，实习场作为一种学习环境，其知识是感性的，也是与特定能力的获得和情感体验相联系的，实习场中的学习避免了简单知识的传授和接受，能给予学习者参与和实践的机会,使学习变得生动有趣。

实习场活动注重挖掘资源,关注幼儿现实生活,关注幼儿在主题活动中的关键经验,将幼儿认知、情感等发展性领域有机联系起来,为幼儿创设一个个富有探究性、交往性、创造性的生活实习场。幼儿的一日生活是一个有机的整体,具有多样性和丰富性,幼儿园课程的实施要"关注幼儿一日生活中的各类活动,做到在生活中学习、在游戏中学习,学习联系生活、利用生活",因此,幼儿教学情境离不开真实的生活场景。我园在公用活动室活动中,注重创设富有情境性的环境,提供了丰富材料,供幼儿在真实环境中与材料互动,从而获得发展。

(三)做中学教育理论

一切的学习,不论是肌肉的、感觉的还是神经的,都要靠"做"的教学方法。凡是学生能够自己做的,应该让他们自己去做。一切教学重在"做",要做中教、做中学、做中求进步。建构主义认为,学习者的知识建构,需要学习环境提供获取、使用、操控、评价信息,阐释和反思学习结果与学习过程的机会;需要学习者亲身体验或参与真实问题的求解活动及其策略的应用过程。也就是说,要利用真实的或者模拟的情境。而这样的情境充满了知识,让学习者在活动中计划、操作、交往、协商和行动体验中获得知识。美国视听教育家戴尔在1946年写了一本书《视听教学法》,提出"经验之塔"(cone of experience)理论。该理论把经验分成了三类十个层次,这三类依次是:做的经验、观察的经验、抽象的经验。通过塔图,我们可以清晰地看到,最底层的经验最具体,越向上越抽象。也就是说,有目的的直接经验是根基,它在经验塔的最底部,奠定了人类学习的基础。直接经验积累得越多,越有助于个人获得相对抽象的经验。因此,我们应该支持和鼓励幼儿通过自己的感知和操作来更多地获取直接经验。《3—6岁儿童学习与发展指南》(以下简称《指南》)中也指出:幼儿的学习是以直接经验为基础,在游戏和日常生活中进行的。显然,通过自身的动手操作、感知和"做"获得直接经验,对于幼儿而言才是"真"学习。

我园公用活动室采取实习场的环境创设,注重提供多种真实材料,反映了社会生活,并引发幼儿多感官地参与,"参与"是幼儿学习的主要途径,幼儿在公用活动室中模拟具体社会生活、动手操作,面临各种现实挑战,解决各种实际问题,幼儿通过做事以积累经验,并使学习变得生动、活泼、有趣。

四、 公用活动室的价值

我园公用活动室是一种开放、自由、自主的活动,幼儿可以按自己的意愿自主地选择活动，并能按自己的学习方式、速度、习惯去操作实践，公用活动室已成为我园开展教育活动的重要途径之一。在我园课程实施中，我园公用活动室既是课程实施途径，又是课程开展的重要资源，具有以下价值。

（一）拓展了课程空间，延伸了课程的实施范围

在近几年的课程开展中，我园加强了对幼儿公用活动室的打造，拓展了公用活动室活动空间，为幼儿提供了适宜性材料，创设了开放自主且具有情境性的活动环境，使得环境更拟真，材料更丰富。我们为幼儿提供适宜性材料，鼓励幼儿自主选择、自主探索，与材料互动，幼儿在与材料、环境的相互作用中获得身体、情感、认知及社会性等各方面的发展。我园教师还将幼儿学习环境从教室延伸至公用活动室，公用活动室不仅是班级区域活动的延伸，还是新课程内容的生发点。幼儿在公用活动室中延续课程，而这些活动又会引发新的课程，使得课程的实施范围不断变广，内容更加丰富。

（二）创设了学习情境，提高了课程质量

在公用活动室创设过程中，我们借鉴了实习场理念，提供真实的学习场景，注重真实或拟真情境创设，幼儿在真实的环境中操作真实材料，主动计划、操作、交往、协商和体验，从而更好地理解知识。如在木工坊中，我们创设木工环境，提供锯、拧、凿、穿、刨等丰富的木工工具及木条、木块等原生态木工材料，幼儿根据自己外出旅游经验观察到的飞机的情况，在木工坊中戴上护目镜，穿上木工防护服，自己设计飞机图纸，并根据图纸计算、测量数据来制作飞机。有了真实的环境和材料，幼儿在操作时更投入，更具有代入感，学习品质也因此得到提升。

（三）整合了各种资源，优化了课程内容

在公用活动室建设过程中，我们一方面充分利用既有课程资源，另一方面继续开拓新资源。在资源收集中，我们鼓励幼儿参与资源收集，并进行整理、归档，形成丰富的课程资源库。在这一收集过程中，形成了一套严格的资源收集与使用制度。我们还依托现代先进科学技术，结合已有实物资源，形成了电子资源库。在家长资源的开发上，我们成立了家长资源委员会，对家长资源进行了合理分类，以多种方式组织家长参与幼儿园管理，并且以制度保证了家长参与的有效性，以激励机制激发家长参与的积极性等。在社区资源的开发上，我们对社区资源进一步分类、筛选与优化，然后利用引进法、借用法、参观实践法等最大限度地将社区资源与课程整合，探索出了一套有效的社区资源开发利用新模式。我们还以资源为媒介引发生成新的课程内容，来帮助幼儿经验得到积累与重

组，甚至得以延伸。幼儿获得新经验后，又培养了发现、利用新资源的能力。幼儿在这个利用资源发展经验的过程中，不断获得发展。

（四）整合了公用活动室与课程开展的结合

我园公用活动室内容的组织注重与主题相联系，它是我们课程组织与实施的途径和方式，也是我园课程开发和实施的重要资源。我们根据幼儿身心发展特点及已有经验基础，结合主题活动的开展，将主题延伸至体检中心、布艺坊、木工坊及绘本馆等各公用活动室中，形成了科学化、系列化并具有价值性的公用活动室活动内容，如在进行有关苏州时令岁节的主题活动中，幼儿先了解了具有苏州特色的一些手工制品，在随后布艺坊公用活动室中通过裁剪布料等缝制了与时令节气相关的香包和香袋。同时公用活动室中的内容也能延伸至主题活动中，成为课程实施的重要资源、途径，如在儿童体检中心中，我们创设了真实的体检环境，提供了真实的体检器械，幼儿给同伴测量体重、身高及体温等，这些在体检中心中开展的测量活动并未结束，幼儿带着这些体检结果回到班级又会开展有关认识身体的主题活动。

幼儿具有个性差异，为了满足幼儿个性化发展，让具有个体差异性的每一位幼儿都能获得更好的、更全面的发展，需要创设有价值的课程来帮助幼儿在其原有基础之上获得发展。我园公用活动室数量多且材料充足，不同公用活动室能满足不同幼儿个性化发展需求，以弥补班级主题活动的不足，从而帮助幼儿在各公用活动室中游戏与学习，开创自主与创新的学习新模式。我园在对公用活动室研究中，对已有公用活动室内容进行梳理、分类，形成了一套完整的各年龄段幼儿公用活动室目标及内容方案，还形成了相关组织与实施及管理等制度，丰富了园本课程，提升了园所课程质量。

（高志娟）

第二章　体检中心

我园公用活动室儿童体检中心活动一般会根据主题、幼儿兴趣及需要等，每月开展一至两次，教师会根据幼儿经验或需要等选择单区、部分区或整区等形式进入体检中心，以更好地帮助幼儿充分地操作材料，进行有质量的活动。我园儿童体检中心创设了较为拟真的环境，幼儿在该活动室中运用相关体检工具或材料，以医生或体检者的身份参与进来，进行有关身体测量等活动。在体检中心中，幼儿运用记录、统计、比较及调查等方法发现自己与同伴身高、体重、视力、牙齿、握力、肺活量等各种与身体有关的秘密，增加了对自己和同伴的了解，增进了科学认知，提升了探索能力。我们力求通过体检中心活动引发课程后续活动，引导幼儿形成健康生活的理念，儿童体检中心也成为我园课程实施与生发的重要资源。

一、创设背景

《指南》健康领域指出：发育良好的身体、愉快的情绪、强健的体质、协调的动作、良好的生活习惯和基本生活能力是幼儿身心健康的重要标志。因此在最初创设体检中心的时候，我们主要从幼儿的日常生活和课程主题方面来考虑。

首先，在日常生活中，几乎所有的孩子都可能会去医院，因此幼儿对医院并不陌生。在幼儿园中幼儿通过多次体检活动，对比关注自己身体的外在变化，如身高、体重等，幼儿开始从认识自己的身体到慢慢了解人体结构，了解长高长胖和我们日常生活中的饮食、运动等都具有密切关系；幼儿在生活中还能够关注到自己的视力、蛀牙、力量、肺活量等情况，从而产生了进一步认识自我的意愿。

其次，伴随"医院"主题的开展，幼儿对人体的结构、医生的职责与自我保健等方面的认知不断提升，对有关医院的认知也越来越丰富，探究愿望日趋强烈。

《纲要》中指出：环境是重要的教育资源，应通过环境的创设和利用，有效促进幼儿的发展。考虑到我园附近医院资源较缺乏，因此我们想到创设一个有关医院体验的真实场景，作为幼儿经验实践的延伸，培养他们的好奇心与探究能力。同时我们也考虑到幼儿的需要和现有经验，从幼儿熟悉的身高、体重、视力、握力等与幼儿息息相关又较为熟悉的体验区域着手，创设儿童体检中心。在这里，幼儿动手动脑，在对真实体检材料的操作中体验着医生或体检者的角色，不断进行探索和研究，并为自己的发现而兴奋满足，获得成功的体验。

二、创设价值

体检中心为幼儿对自身的探索和研究提供了真实的实践场所，在满足他们好奇心的同时，培养了其探究习惯和能力，有利于让幼儿获得各种有益经验和成功的体验。

1. 帮助幼儿逐步积累生活的经验

体检中心活动促使幼儿开始有意识地关注自己，并养成良好的生活习惯。在拟真的场景中，幼儿知道了体检的流程，学会了怎样测量身高、体重、视力等项目，也通过每一次体检记录的对照比较，科学认识了自身个体在同龄群体中的生长发育水平，并学习了保护自己的知识和方法。体检中心活动的开展，让更多的幼儿了解了早睡早起、每天刷牙、积极锻炼、营养均衡等健康作息的重要性，对幼儿自身健康发展起着促进作用。

2. 帮助幼儿逐步学会学习的方法

在体检中心活动中，幼儿拓宽了眼界和思维，他们对相关问题产生探索的积极愿望，并通过实地参观、收集查找资料、交流分享等进行学习，在此过程中不仅能够获得有益经验，更能了解、体验和掌握各种学习的方法。

3. 提高幼儿解决问题的能力

在体检中心活动中，幼儿发现并学会了运用数学的方法来解决许多生活中的实际问题。在体检中心的各种不同测量活动中，幼儿不断接触和理解数字所代表的实际意义，并在测量、记录、比较、统计等一系列的过程中，用自己的方式方法进行表达。同时，能将这些数学的经验运用于各类游戏，以及投票选举、种植记录、统计幼儿园树木等日常活动中。

三、创设目标

儿童的发展具有整体性，在制定体检中心的目标时，我们不仅关注幼儿学习与发展的整体性，目标与目标之间的相互渗透整合，还注重幼儿各个年龄段发展的差异性，分目标的确立体现的是一个持续、渐进的过程，也表现出一定的阶段性特征。

表 2-1　体检中心总目标及各年龄段目标

总目标	1. 了解体检中心的环境、工具，能情绪安定、愉快地参加体检，学会运用体检工具，掌握体检的方法。 2. 初步认识自己的身体，了解身体各部位的功能，感受自己的生长变化，懂得保护自己的身体。 3. 乐意参与体检活动，能用语言表述自己的感受，积极与同伴合作、协商，能够解决在体检活动中遇到的问题。
小班	1. 了解身体的基本部分：头、躯干、四肢，能说出它们明显的特征。 2. 认识五官，能说出它们的名称和特征。 3. 乐意参加身高、体重等的测量活动，知道自己的身高、体重是变化的。 4. 日常生活中，学习正确的漱口、刷牙方法，明白不能用脏手揉眼睛等，知道眼、耳、鼻、牙等保护方法。 5. 不偏食、不挑食，喜欢吃瓜果、蔬菜等新鲜食品。
中班	1. 能运用多种工具进行测量，知道自己在一段时间内身高、体重的变化，不过胖、不过瘦。 2. 了解身体各主要部分的功能，知道保护自己的方法。 3. 了解并遵守体检规则，能积极配合“医生”完成体检。 4. 能参加视力检查活动，知道要保护好眼睛；了解龋齿的危害，知道保护牙齿的正确方法，预防龋齿。 5. 乐意担任实习小医生，初步学习各种体检项目的检查方法。
大班	1. 熟练、安全地使用体检工具，遵守体检活动的规则，正确掌握体检的方法。 2. 知道人体骨骼和内脏器官的名称及功能，了解人的身体与饮食、运动、营养、遗传有关系。 3. 能用数字、图表等记录和比较，感知自己和同伴身体的变化。 4. 日常生活中，能主动保护眼睛，注意换牙卫生，坚持运动，保持身体健康。 5. 能连贯有序地讲述或介绍体检的方法以及注意事项，学习用分工、合作、协商的办法解决问题。

四、 环境设置

在环境设置上，我们选择开放式的环境创设理念，每个体检区既体现自身独特功能，又与其他体检区相互融合、相互作用。在色调上我们选择较温馨的颜色，如淡紫色的墙面、烟灰蓝的地面、黄绿色的架子等；在桌椅等配置的设计上，我们采用圆角、镂空设计，给人一种温暖包容感，为幼儿创设一个儿童的天地，消除幼儿对医院的恐惧心理。此外，为了建立体检中心的秩序，帮助幼儿理解游戏中的规则，我们在墙面设置了一些醒目的标记，这些标记可以让幼儿自己来讨论、绘画制作，富有童趣又能达到与环境实现有效互动的目的。作为幼儿经验的延伸和补充，我们还陈列了一些身体器官、身体画册等，有助于培养孩子广泛关注、积极探究的博物意识。在区域的规划和设置上，我们遵循两大原则，一是从孩子熟悉的项目到经验比较缺乏的项目，二是从外显的身体特征的检查到内隐的身体器官的探索。

表 2－2　体检中心各区材料及环境

体检等待区： 1. 等待的座椅 2. 体检中心相关的幼儿用书	
导医接待叫号区： 1. 体检号码牌 2. 体检单夹板 3. 接待桌 4. 记录工具	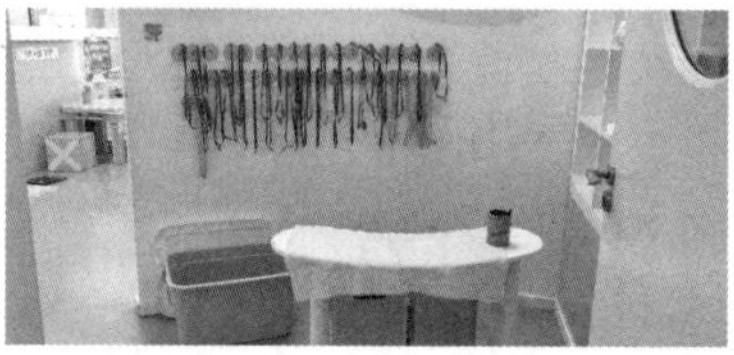
医生穿戴准备区： 医生、护士工作服	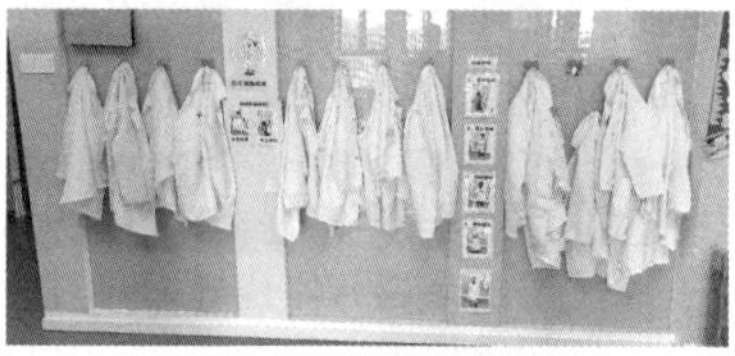
测量体温区： 1. 规则图示 2. 体温计，耳温计 3. 记录工具	
测量体重区： 1. 规则图示 2. 电子秤，磅秤 3. 记录工具	
测量身高区： 1. 规则图示 2. 身高尺贴纸 3. 垫子 4. 直尺 5. 记录工具	

续表

测量头围胸围区： 1. 规则图示 2. 卷尺 3. 记录工具	
牙齿检查区： 靠近安全插座(供牙齿照明) 1. 规则图示 2. 躺椅 3. 口腔照明灯 4. 棉签 5. 口腔镜 6. 记录工具	
视力检查区： 1. 规则图示 2. 视力检查表 3. 遮眼板 4. 指挥棒 5. 记录工具	
色觉检查区： 1. 规则图示 2. 色觉图片书 3. 记录工具	
握力检查区： 1. 规则图示 2. 20、30、40 磅的橡胶握力圈 3. 记录工具	
听力检查区： 听力检查要选择较安静的区域进行 1. 规则图示 2. 音叉 3. 音锤 4. 记录工具	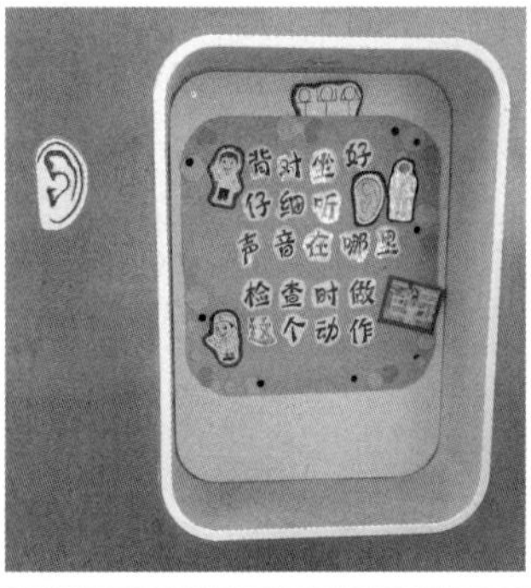

续表

测量血压区： 靠近安全插座 1. 规则图示 2. 血压计 3. 记录工具	
测量肺活量区： 靠近安全插座 1. 规则图示 2. 肺活量计 3. 吹嘴 4. 记录工具	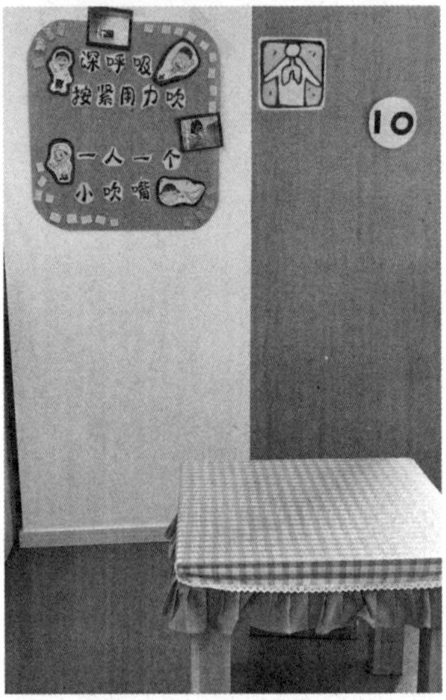
体检单回收区： 回收箱	

五、活动方案

（一）活动例举

• 体检中心活动室内活动例举

表 2-3　体检中心活动室内活动例举

活动名称	年龄段	活动来源	时长	组织形式			选择区域			说明
				小组	部分	整体	单区	部分	整区	
参观体检中心	小班	大带小游戏活动“哥哥姐姐帮我们体检”	1 小时			√			√	

续表

活动名称	年龄段	活动来源	时长	组织形式			选择区域			说明
				小组	部分	整体	单区	部分	整区	
测一测身高、体重	小班	大带小游戏活动“哥哥姐姐帮我们体检”	1小时	√				√		
看看我的牙齿	小班	主题活动“采芝斋”	1小时		√		√			
谁的力气大	中班	生活活动“大家抬梯子”	1小时			√	√			
灵敏的耳朵	中班	生活活动“这是谁发出的声音”	1小时	√			√			
黑黑的牙齿	中班	主题活动“老虎拔牙”	1.5小时			√	√			
实习小医生	中班	生活活动“我要上大班啦”	1.5小时	√				√		
量一量身高	大班	主题活动“我长大了”	1.5小时			√	√			
称一称有多重	大班	主题活动“我长大了”	1.5小时	√			√			
测量视力	大班	生活活动“为什么他戴眼镜了”	1.5小时			√	√			
会变的体温	大班	生活活动“发烧我不怕”	1.5小时	√			√			
肺活量的秘密	大班	生活活动“为什么他喘得这么厉害”	1.5小时	√			√			
试试心率仪	大班	生活活动“跳绳”	1.5小时			√	√			

- 体检中心活动室外活动例举

表 2－4　体检中心活动室外活动例举

活动名称	年龄段	活动来源	与公用活动室活动时间关系	活动类型						说明(亲子活动、大带小等在该列标明)
				集体	区域	生活	游戏	实践	其他	
鳄鱼怕怕牙医怕怕	小班	公用活动室活动“看看我的牙齿”	后延	√						

续表

活动名称	年龄段	活动来源	与公用活动室活动时间关系	活动类型						说明(亲子活动、大带小等在该列标明)
				集体	区域	生活	游戏	实践	其他	
我爱刷牙	小班	公用活动室活动"看看我的牙齿"	后延		√					
有趣的E转盘	小班	公用活动室活动"参观体检中心"	前置		√					
参观牙医诊所	中班	公用活动室活动"黑黑的牙齿"	前置					√		参观活动
谁没有蛀牙	中班	公用活动室活动"黑黑的牙齿"	后延	√						
为什么他戴眼镜了	中班	生活活动"去医院检查视力"	后延	√						
爱耳日	中班	公用活动室活动"灵敏的耳朵"	后延	√						
比比谁最高	大班	公用活动室活动"量一量身高"	后延	√						
过新年换新装	大班	公用活动室活动"量一量身高"	后延	√						
克隆人	大班	公用活动室活动"量一量身高"	后延		√					
姚明有多高	大班	公用活动室活动"量一量身高"	后延	√						
吹气球	大班	公用活动室活动"肺活量的秘密"	后延		√					
为什么他喘得这么厉害	大班	公用活动室活动"肺活量的秘密"	前置	√						

(二) 活动设计

- 体检中心活动室内活动设计

小班活动　参观体检中心

活动目标

1. 了解体检中心的环境、工具，知道体检中心里的项目。
2. 知道体检的要求，愿意参加体检活动。

活动准备

1. 物质准备：体检中心内各区域的工具、材料。
2. 经验准备：幼儿有去医院的经历。

活动内容

幼儿整班参与活动，参观体检中心内布局、摆设等，了解体检中心内有身高区、体重区、牙齿检查区等常见区域。

活动过程

一、导入部分

◆ 师：你们都去过医院，医院除了可以看病，还可以干什么？你们有没有在医院体检过？今天我们也要到我们幼儿园的体检中心里去看一看。

二、基本活动

1. 幼儿参观体检中心，了解体检中心公约，知道体检流程。熟悉体检中心环境及体检项目。

◆ 要求：不奔跑，不随意翻动物品。大带小有序排队，物品轻拿轻放。

2. 教师简单介绍基础项目的体检方法及用到的工具，幼儿了解基础体检项目。

◆ 身高区：幼儿两脚并拢靠墙站，医生将尺子放在幼儿头顶，测量身高。

◆ 体重区：幼儿脱鞋站在体重秤上，医生查看体重秤上的数字。

三、结束部分

1. 教师引导幼儿回忆体检中心公约，再次强调体检要求。

2. 教师引导幼儿回顾体检中心项目并说说自己最感兴趣的项目。

活动延伸

1. 结合期中、期末体检，通过以大带小的形式，幼儿在哥哥姐姐的带领下进行基础项目体检。
2. 教师在阅读区中投放有关身体的书籍，让幼儿了解身体各部分的作用。

（作者：徐　心）

小班活动　测一测身高、体重

活动目标

1. 了解测量身高、体重的要求，愿意配合小医生完成测量。
2. 乐意参与体检活动，知道体检时需要保持安静，能在哥哥姐姐的带领下情绪稳定地完成体检。

活动准备

1. 物质准备：小医生工作服、身高尺、电子秤、笔、体检记录单。
2. 经验准备：幼儿参观过体检中心，知道体检要求。

活动内容

幼儿整班参与，以小组形式轮流进入身高测量区和体重测量区，测完后交换区域。

活动过程

一、导入部分

幼儿回忆体检要求及测量身高、体重的方法，知道要在哥哥姐姐的带领下，安静有序地进行测量。

二、基本活动

1. 教师分发体检记录单，幼儿跟着一位哥哥或姐姐，牵好手有序等待进入体检中心。
2. 大带小测量身高、体重，教师观察并指导。

（1）班级幼儿分为四组，两组先进入，另外两组在外面等待。

(2) 两组幼儿在哥哥姐姐的带领下进入体检中心，一组测量身高，一组测量体重，两组同时进行。完成后交换区域。

(3) 幼儿全部测量完成后回到等待区安静阅读，换外面的两个组进入体检中心。方法同前。

◆ 测量身高时教师重点指导幼儿双脚并拢，脚后跟靠墙。

◆ 测量体重时教师重点指导幼儿两脚分别站立在体重秤贴线位置。

◆ 教师提醒幼儿使用不同测量物进行测量时，动作要轻缓，不触碰眼睛、皮肤等部位。

三、结束部分

1. 幼儿交流测量过程中的感受，说说自己的心情如何。

2. 教师交流活动中发现的问题、遇到的困难以及解决的方法等。

活动延伸

1. 用一些自然物进行身高测量，如奶粉罐、积木等。

2. 用自然物测量手长、脚长等。

活动附件

体检记录单

姓名：__________　　　　体检日期：_____年_____月_____日

体检项目	检查情况
 身高	__________厘米
 体重	__________千克

（作者：徐　心）

小班活动　看看我的牙齿

活动目标

1. 知道检查牙齿的基本要求，配合小医生完成检查。

2. 知道牙齿的重要性及保护牙齿的方法。
3. 乐意参与活动,愿意分享自己的感受。

活动准备

1. 物质准备:小医生工作服、手电筒、棉签、笔、体检记录单。
2. 经验准备:幼儿知道检查牙齿的要求。

活动内容

幼儿整班参与,以小组形式进入牙齿检查区,未轮到和已完成的幼儿在等待区自主阅读。

活动过程

一、导入部分

1. 教师帮助幼儿了解牙齿,知道白白的牙齿是健康的,黑黑的牙齿是坏掉的,叫龋齿。
2. 回忆体检要求及检查牙齿的方法,知道要安静有序地进行检查。

二、基本活动

1. 邀请两位哥哥姐姐担任医生,进行测量和记录的工作。

◆ 哥哥姐姐穿医生服装做好准备,被检幼儿拿好体检记录单,有序等待检查。

2. 幼儿检查牙齿,教师观察并指导。

(1) 被检幼儿将自己的体检记录单交给负责记录的小医生,根据测量小医生的语言指导要求躺下,闭眼(防止手电筒照到眼睛)、张嘴。

◆ 教师提醒幼儿注意正确并安全使用手电筒、棉签棒等工具。

(2) 负责测量的小医生用手电筒、棉签进行检查后,将结果告知小医生进行记录。没有黑色的牙齿说明没有龋齿,记录0;若有龋齿,则数一数,记录龋齿个数。

三、结束部分

1. 幼儿交流自己的检查结果,知道自己是否有龋齿。
2. 幼儿了解牙齿的重要性,学习保护牙齿的方法。

活动延伸

1. 幼儿回家了解家人是否有龋齿,应如何处理。
2. 教师鼓励幼儿餐后漱口。

活动附件

体检记录单

姓名：__________ 体检日期：_____年_____月_____日

体检项目	检查情况
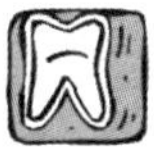 牙齿	__________颗龋齿

（作者：徐　心）

中班活动　谁的力气大

活动目标

1. 知道握力器可以用来测量力气大小，握力器上的数值越大表示力气越大。
2. 能正确使用握力器进行测量并用符号记录测量结果。
3. 能积极参加测握力活动，大胆讲述测量中的发现，分享活动中的感受。

活动准备

1. 物质准备：小医生工作服、20/30/40三种磅值的握力器、笔、握力记录单、儿童体检中心序号牌一套。（注：我园握力器单位为磅，1磅约等于0.9斤。）
2. 经验准备：幼儿能看懂握力记录表，知道记录表里的数字表示不同的握力圈。

活动内容

两名幼儿分别担任测量握力和记录数值的小医生。测量小医生负责观察每个人使用握力器的情况，并把测量结果告诉负责记录的小医生，由其在记录表上选择实际测量结果。

活动过程

一、导入部分

◆ 师：今天我们要去体检中心测量握力，在体检中心等候时，我们要注意什么呢？

二、基本活动

1. 被测幼儿挂好序号牌进入体检中心测量握力。测量小医生观察被测幼儿手中的握力器是否被捏扁(握力圈的两边合拢算成功),并将结果告知负责记录的小医生进行记录。

2. 测量握力过程中,教师观察幼儿测量、记录的方法,指导幼儿正确测量。教师提醒幼儿使用握力器时要逐步发力,注意调节手臂力量。

3. 教师指导测量小医生要仔细观察被测幼儿一只手捏握力器的情况,有礼貌地与被测幼儿交流。

三、结束部分

◆ 统计全班握力情况,能握住 20/30/40 磅值的分别有几人,哪种结果最多,哪种结果最少。引导幼儿思考:为什么能握住 30 磅值的人最少呢?

活动延伸

活动后继续延伸握力话题:如何让自己的握力变大?握力有什么用?左手和右手的握力一样吗?回家给爸爸、妈妈测握力等。鼓励幼儿在日常生活中,帮助家人拎一些生活物品,感受握力的重要性。

活动附件

1. 初期进入儿童体检中心测量握力时,可先使用“握力记录单(1)”。

××班握力记录单(1)

时间:________　　姓名:____________　　体检序号:________

 握力	20磅□　30磅□　40磅□

2. 在幼儿对每个人双手的握力是否一样产生困惑时,可使用“握力记录单(2)”。

××班握力记录单(2)

时间:________　　姓名:____________　　体检序号:________

 握力	 右手: 20磅□　30磅□　40磅□  左手: 20磅□　30磅□　40磅□

(作者:杨　艳)

中班活动　灵敏的耳朵

活动目标

1. 知道测量听力的基本要求，能配合小医生完成测量。
2. 能清楚讲述测量的要求，初步学习用符号进行相关记录。

活动准备

1. 物质准备：小医生工作服、音叉、小板凳、贴在距离小板凳左右各50厘米处地面上的圆点、眼罩、体检记录单、笔。
2. 经验准备：幼儿已认识测量仪器音叉。

活动内容

幼儿整班参与，以小组形式进入听力测量区测量听力并进行记录，未轮到和已完成的幼儿在等待区自主阅读。

活动过程

一、导入部分

◆ 师：我们的耳朵可以听到各种各样的声音，今天我们就来测一测听力吧！

二、基本活动

1. 教师安排两位幼儿分别担任测量、记录工作的小医生。
2. 教师引导测量的小医生给幼儿戴上眼罩。
3. 幼儿坐在小板凳上，指导测量的小医生先后站到小板凳左、右侧圆点上用音叉发出声音，记录的小医生根据幼儿的指示记录，如果指示正确打钩，指示错误打叉。

三、结束部分

◆ 幼儿交流测量听力的感受，评价自己或同伴的表现。

活动延伸

幼儿回家给家人测听力，巩固掌握测量听力的正确方法。

活动附件

体检记录单

姓名：__________　　　　　　　　　　体检日期：_____年_____月_____日

体检项目	检查情况
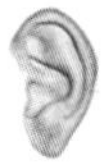 听力	左________　右________

（作者：杨铮敏）

中班活动　黑黑的牙齿

活动目标

1. 知道龋齿的危害，学会保护牙齿的方法，养成良好的生活习惯。
2. 正确使用牙科检查工具检查龋齿并记录。
3. 乐意担任医生，交流检查的过程。

活动准备

1. 物质准备：小医生工作服、牙科检查床、棉签、体检记录单、笔。
2. 经验准备：幼儿参观过牙科诊所，知道牙医是如何工作的；初步了解龋齿的知识。

活动内容

两名幼儿分别担任检查和记录龋齿的医生，其他幼儿轮流检查是否有龋齿。检查的医生使用工具检查幼儿龋齿情况并将检查结果告知记录的医生，由医生记录龋齿的数量及位置。

活动过程

一、导入部分

◆ 师：《老虎拔牙》的故事里，大老虎吃了糖以后，牙齿变黑了，长了龋齿。你们有黑黑的龋齿吗？今天我们一起去体检中心请小医生来给我们检查龋齿吧！

二、基本活动

1. 介绍检查龋齿的方法。

(1) 出示体检记录单。

(2) 介绍检查龋齿的方法：被检幼儿仰躺在牙科检查床上，小医生请幼儿闭上眼睛、张大嘴巴。小医生一手拿棉签，一手扶着检查灯，观察是否有黑色的龋齿。检查完毕后将结果及龋齿的位置告知记录的医生。

2. 组织幼儿分工准备。

◆ 两位小医生分别担任检查龋齿和记录的工作，穿医生服装做好准备。被检幼儿拿好自己的体检记录单，有序排队等候检查。

3. 幼儿检查龋齿，教师巡回指导。

◆ 教师提醒检查医生检查灯对准被检幼儿牙齿，被检幼儿闭上眼睛、张大嘴巴配合检查。使用过的棉签应立刻扔到垃圾桶。注意检查灯、棉签棒的正确使用方法。

◆ 教师提醒记录的医生如不清楚龋齿的位置可再观察，对照牙齿模型图，将牙齿位置涂黑。

三、结束部分

◆ 鼓励幼儿向同伴介绍自己有几颗龋齿，交流自己检查时的感受。

活动延伸

1. 每月开展一次牙齿检查，持续关注幼儿的龋齿情况。

2. 将幼儿的龋齿情况进行统计，了解班级幼儿的龋齿情况。

活动附件

体检记录单

牙齿	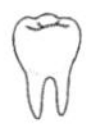	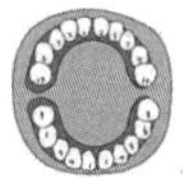

（作者：陈梦丽）

中班活动　实习小医生

活动目标

1. 知道体检的基本要求,遵守规则。
2. 能运用多种工具进行体检。
3. 乐意担任实习小医生,尝试分享体检活动中的感受。

活动准备

1. 物质准备:实习医生挂牌、体检记录单、医生工作服、笔、数字印章。
2. 经验准备:幼儿了解各种体检项目的检查方法。

活动内容

每个体检点安排两位实习医生跟随大班医生实习,其他幼儿进入各体检区。

活动过程

一、导入部分

◆ 师:上次大班哥哥姐姐带我们做了体检,今天我们跟着他们来实习,体检的时候有什么要注意的呢?

二、基本活动

1. 每个体检点安排两位实习小医生,分别跟随测量和记录的两位大班医生做实习工作。
2. 体检幼儿拿好体检单,有序排队等候测量。
3. 在大班医生指导下,实习小医生用语言指导要求被检幼儿进行体检,将测量后的数据告知记录的小医生。
4. 负责记录的实习小医生在体检单上记录数据。(实习小医生如遇到不会写的数字,建议使用数字印章或请大班医生协助记录)
5. 教师巡回指导:重点指导幼儿正确观察测量,从左向右报数值并记录,安全使用工具进行检查。

三、结束部分

◆ 实习小医生交流体检感受。

活动延伸

幼儿轮组参与，轮流担任实习小医生。

活动附件

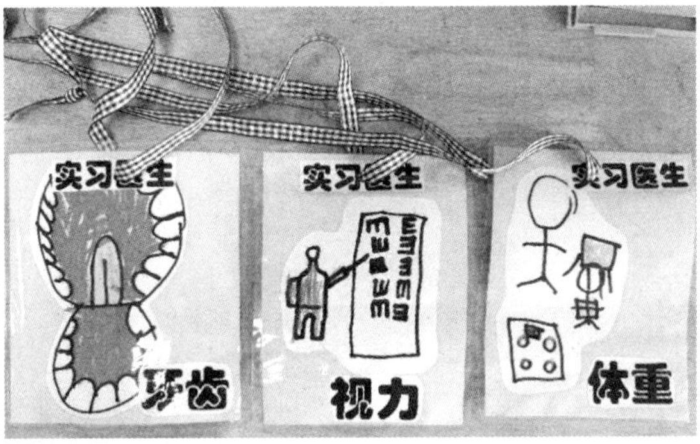

实习医生挂牌

体检记录单

姓名：__________　　班级：__________　　体检日期：______年______月______日

1. 额温		________摄氏度
2. 身高		________厘米
3. 体重		________千克
4. 牙齿	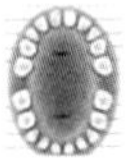	________颗龋齿
5. 视力		左______　右______
6. 握力		20 磅□　30 磅□　40 磅□

（作者：许颖婷）

大班活动　量一量身高

活动目标

1. 能根据量身高的基本要求进行测量，学习用数字记录身高数值。
2. 愿意自觉遵守体检中心的规则。
3. 大胆讲述测量过程，分享活动中的感受和发现。

活动准备

1. 物质准备：身高尺、三角尺、体检记录单、笔、数字印章。
2. 经验准备：幼儿知道自己升大班了，身高发生了变化。

活动内容

两名幼儿分别担任测量身高和记录数值的小医生。其他幼儿作为被检者进入身高测量区，由小医生测量身高并记录下来。

活动过程

一、导入部分

◆ 师：升大班啦，很多小朋友都长高了，一起去量一量身高吧。进入体检中心要遵守规则，安静、有序地测量身高。小医生要认真完成工作。

二、基本活动

1. 两位幼儿担任小医生，分别负责测量身高和记录。被检幼儿拿好自己的体检记录单，有序排队等候测量。
2. 指导小医生用语言提示被检幼儿紧贴身高尺，双脚并拢站直。然后将三角尺平放在被测幼儿头顶的位置，读出身高数值。
3. 教师观察指导小医生正确记录身高数值。
4. 幼儿和同伴互相交流自己的身高。
5. 幼儿大胆分享测量身高过程中的感受，交流发现的问题、遇到的困难以及解决的方法等。

三、结束部分

◆ 师：被检者站立的姿势、小医生三角尺的位置都会影响到测量数值的准确性。数值越大，身高就越高。数值越小，身高就越矮。可以在活动后比一比身高。

活动延伸

1. 幼儿轮流担任小医生。将测量身高的经验迁移到角色游戏小诊所中，也可在家给家人测身高。
2. 测量臂长、头围、胸围等活动可参照本活动进行。

活动附件

体检记录单

班级：__________　　　　体检日期：_____年_____月_____日

<table>
<tr><td colspan="2" rowspan="2">姓名</td><td rowspan="2">编号</td><td colspan="2">医生</td></tr>
<tr><td>检查</td><td>记录</td></tr>
<tr><td>身高</td><td></td><td>__________厘米</td><td></td><td></td></tr>
</table>

（作者：沈　涛）

大班活动　称一称有多重

活动目标

1. 能够正确地使用电子秤进行体重测量。
2. 能用数字记录、比较，感知自己和同伴体重的不同。

活动准备

1. 物质准备：电子秤、体检记录单、笔。
2. 经验准备：幼儿知道自己长大了，体重发生了变化；已认识电子秤。

活动内容

幼儿整班参与，以小组形式进入体重测量区，未轮到和已完成的幼儿在等待区自主阅读。

活动过程

一、导入部分

◆ 师：到了大班后很多小朋友都发现自己的身高、体重发生了变化，上次我们已经测过身高了，今天我们再一起去测测体重吧！

二、基本活动

1. 两位幼儿担任小医生，分别负责测量和记录。
2. 教师提醒被检幼儿脱鞋进行测量。提醒幼儿上下电子秤时注意动作轻缓。
3. 教师指导幼儿正确观察电子秤数值，并将数值正确地记录下来。
4. 教师组织幼儿对记录的数值进行观察比较。

三、结束部分

1. 教师鼓励幼儿和同伴互相介绍自己的体重，并进行比较。
2. 教师引导幼儿分享自己测量体重的感受，交流活动中发现的问题、遇到的困难以及解决的方法等。

活动延伸

1. 幼儿轮组进行，完成体重测量。
2. 开展活动“比比谁最重”，找一找班级中体重最重的幼儿。
3. 用电子秤测量其他物品，读取数值，比较轻重。

活动附件

体检记录单

班级：__________　　　　　体检日期：_____年_____月_____日

姓名		编号	医生	
			检查	记录
体重		________千克		

（作者：蔡春玉）

大班活动　测量视力

活动目标

1. 知道测量视力的基本要求，能遵守规则进行测量。
2. 了解正确的测量方法，感知自己和同伴视力的不同。
3. 能大胆分享活动中的感受和发现，知道保护视力的方法。

活动准备

1. 物质准备：视力表、遮眼板、指挥棒、体检记录单、笔。
2. 经验准备：幼儿测量过视力，认识测量视力的工具。

活动内容

医生家长来到幼儿园视力测量区介绍测量视力的方法，为幼儿测量视力。

活动过程

一、导入部分

◆ 师：××的医生妈妈要带我们一起认识我们的眼睛，给我们检查一下视力。

二、基本活动

1. 医生家长来园介绍视力表以及视力测量方法，为幼儿测量视力。
2. 个别幼儿尝试在医生家长的指导下为同伴测量视力。
3. 被检幼儿拿好自己的体验记录单，有序排队等候测量。
4. 教师巡回指导：重点指导被检幼儿单眼自上而下辨认视标。

三、结束部分

◆ 幼儿与同伴相互介绍自己的视力，讨论如何保护视力。

活动延伸

幼儿轮组参与，可交换进行测量和记录工作。

活动附件

体检记录单

班级：__________　　　　　　　　体检日期：_____年_____月_____日

姓名		编号	医生	
			检查	记录
视力		左______　右______		

（作者：许颖婷）

大班活动　会变的体温

活动目标

1. 能够正确地使用额温枪测量体温。
2. 知道体温与人的身体健康状态有关，每个人的体温不一样。

活动准备

1. 物质准备：额温枪、体检记录单、笔。
2. 经验准备：幼儿已认识额温枪。

活动内容

幼儿整班参与，以小组形式进入体温测量区，测量体温并记录数值。

活动过程

一、导入部分

◆ 师：你知道自己的体温是多少吗？今天我们一起用额温枪来测测看吧！

二、基本活动

1. 一位幼儿担任医生，负责测量和记录。
2. 教师指导小医生正确使用额温枪，保持3—5厘米垂直测量。
3. 教师指导幼儿正确观察额温枪的数值，并将数值正确地记录下来。

4. 教师指导被检幼儿保持额头干燥，没有头发遮挡，以确保测量的准确性。

5. 教师组织幼儿对记录的数值进行比较。

6. 教师鼓励幼儿分享活动中发现的问题、遇到的困难以及解决的方法等。

三、结束部分

◆ 师：原来，每个人的体温是不一样的，正常人的体温为 36—37 ℃，测体温能帮助我们知道自己的身体健康情况，可以产生有效的预警作用。

活动延伸

1. 幼儿轮组参与，完成体温测量。

2. 将测量体温的经验迁移到角色游戏小诊所中，幼儿自主学习测量体温。

活动附件

体检记录单

姓名：__________　　　　体检日期：_____年_____月_____日

体检项目		检查情况
体温		__________摄氏度

（作者：蔡春玉）

大班活动　肺活量的秘密

活动目标

1. 能够正确地使用肺活量仪器进行测量。

2. 知道肺活量是有大小的，每个人的肺活量不一样。

活动准备

1. 物质准备：小医生工作服、肺活量测量仪、消过毒的足够数量的吹嘴、体检记录单、笔。

2. 经验准备：幼儿知道人在剧烈活动以后会大喘；已认识肺活量测量仪。

活动内容

幼儿以小组形式进入肺活量测量区，测量肺活量并记录数值。

活动过程

一、导入部分

- 师：上次远足活动后，有的小朋友喘气喘得很厉害，有的小朋友却没事，你们知道这是为什么吗？
- 师：原来每个人的肺活量都是不一样的，你们知道自己有多大肺活量吗？今天我们一起来测测看吧！

二、基本活动

1. 两位幼儿担任医生，分别负责测量和记录。
2. 教师提醒小医生测量前及时更换吹嘴。
3. 教师指导幼儿正确使用肺活量测量仪，观察肺活量测量仪的数值，并将数值正确地记录下来。
4. 教师组织幼儿对记录的数值进行比较。
5. 教师鼓励幼儿分享自己测量肺活量的感受，交流活动中发现的问题、遇到的困难以及解决的方法等。

三、结束部分

- 师：原来剧烈活动以后，人的喘气程度跟他的肺活量大小是有关系的，有些小朋友运动后喘得比较厉害，他们的肺活量就比较小，而有些小朋友喘得不厉害，他们的肺活量就比较大。

活动延伸

1. 幼儿轮组参与，轮流担任小医生。
2. 开展活动“谁的肺活量大”，找一找班级中肺活量最大的幼儿。

活动附件

体检记录单

姓名：__________　　　　体检日期：_____年_____月_____日

体检项目		检查情况
肺活量		__________毫升

（作者：蔡春玉）

大班活动　试试心率仪

活动目标

1. 掌握测量心率的基本方法，能配合小医生完成测量。
2. 知道不同状态下心率会发生变化，同一状态下自己和同伴的心率也会不同。
3. 愿意讲述自己在测心率过程中的感受，分享自己的发现。

活动准备

1. 物质准备：心率仪、体检记录单、心率汇总表、儿童体检中心序号牌一套。
2. 经验准备：幼儿知道人运动后心跳会加快；了解使用心率仪的方法；有比较两位数大小的经验。

活动内容

幼儿整班参与活动，以小组形式进入心率测量区，测量心率，了解自己与同伴的心率可能不同。

活动过程

一、导入部分

◆ 师：小朋友们还记得心率仪怎么用吗？测心率的时候要注意什么？

二、基本活动

1. 被测幼儿挂好序号牌进入儿童体检中心测量心率。测量小医生给被测幼儿的手指夹心率仪，观察仪器屏幕上最终定格的数字，将结果告知记录小医生并在体检记录单上记录心率的数值。
2. 被测幼儿有序排队进行测量，观察心率仪上最终定格的数字，这个数字就是当前自己的心率数值。
3. 记录小医生把全班幼儿的心率情况统计在总表中（小医生记录数值时，可根据幼儿实际情况选择写数字或者以盖数字印章的方式进行记录）。
4. 教师巡回指导：了解整个活动过程，观察幼儿测量方法、小医生与被测幼儿的互动趣事、等候区幼儿的情况。

三、结束部分

1. 和同伴互相交流、比较各自的心率数值。

2. 交流自己测量心率时的感受，评价小医生的工作情况。
3. 观察心率汇总表，发现、总结出心率的规律。

活动延伸

1. 结合亲子活动，邀请爸爸妈妈来儿童体检中心，给他们测量心率。
2. 活动后，邀请幼儿园里的保健医生给幼儿讲讲心率的作用，了解幼儿的正常的心率是多少。
3. 幼儿持续关注自己心率的变化，运用运动手环、心率仪等，测量上课、游戏、运动、午睡不同状态下的心率，发现心率的变化。

活动附件

××班体检记录单

姓名：__________　　日期：________　　体检序号：__________

体检项目		检查情况
心率	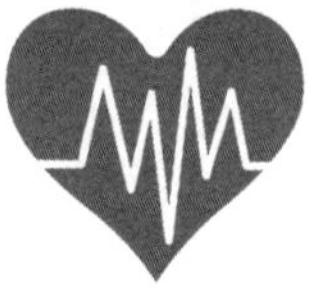	__________

全班幼儿心率汇总表

班级：__________　　日期：__________

体检序号	 心率数值
1	
2	
3	
4	
5	
6	
7	
8	
……	

（作者：杨　艳）

• 体检中心活动室外活动设计

小班活动　鳄鱼怕怕　牙医怕怕

活动目标

1. 注意牙齿的清洁卫生，知道要保护牙齿才不会蛀牙。
2. 爱惜牙齿，养成早晚刷牙、饭后漱口的好习惯。

活动准备

1. 物质准备：绘本《鳄鱼怕怕　牙医怕怕》人手一本、饭后漱口和刷牙的视频、家长提供的幼儿看牙医的照片（视频）和拔下来的小乳牙。
2. 经验准备：在检查牙齿活动后，幼儿发现有的同伴有龋齿。

活动内容

教师与幼儿先一起看照片（视频）或者观察已经拔下来的小乳牙，回忆自己看牙医时的感受，再一起阅读绘本《鳄鱼怕怕　牙医怕怕》，边看绘本边讨论故事情节，最后一起学习用小茶杯漱口、刷牙的方法。

活动过程

一、导入部分

◆ 师：牙齿痛的时候要去看牙医，谁看过牙医呀？

◆ 师：你和我们说说牙医是什么样的？你看到他的时候是什么心情？

◆ 师：牙医给你做完检查后，你感觉怎么样？

二、基本活动

1. 幼儿观察绘本封面，了解故事的主要人物。
2. 幼儿自主阅读，逐页观察画面，猜测故事的内容。
3. 教师带领幼儿一起完整阅读绘本，进一步理解绘本内容。

◆ 师：鳄鱼为什么害怕看牙医？

◆ 师：为什么拔牙很痛还要去看牙医？

◆ 教师引导幼儿认识到龋齿对牙齿的伤害，激发幼儿保护自己牙齿的欲望。

4. 幼儿帮鳄鱼想想保护牙齿的好办法。

5. 幼儿观看漱口、刷牙视频，教师鼓励幼儿在午餐后认真漱口，在家认真刷牙。

三、结束部分

◆ 师：通过本次活动，我们知道牙医不可怕，但是自己一定要好好保护牙齿，学习保护牙齿的方法，注意刷牙力度。

活动延伸

1. 把绘本《鳄鱼怕怕　牙医怕怕》继续投放在班级的阅读区，鼓励幼儿自主阅读。
2. 与幼儿一起学习《刷牙歌》，多形式地感受刷牙的乐趣，养成认真刷牙的好习惯。
3. 开展家园合作，鼓励幼儿在家坚持刷牙，设计“我爱刷牙”记录表。
4. 在午餐后，教师以鳄鱼的口吻提醒幼儿要认真漱口保护牙齿，专注幼儿漱口的情况。

活动附件

“我爱刷牙”记录表

姓名：__________

周一		周二		周三		周四		周五		周六		周日	
☼	☾	☼	☾	☼	☾	☼	☾	☼	☾	☼	☾	☼	☾

备注：☼表示早上刷牙，☾表示晚上刷牙。每天按时刷牙可以在相应的图案上涂颜色。

（作者：杨　艳）

小班活动　我爱刷牙

活动目标

知道正确刷牙能保护牙齿，乐意参与刷牙活动。

活动准备

1. 物质准备：水池环境中张贴刷牙和漱口的方法示意图、水杯、小牙刷、牙齿模型。
2. 经验准备：幼儿之前学过儿歌《刷牙歌》。

活动内容

幼儿自己念儿歌或跟着儿歌录音，练习刷牙。

活动要求

1. 幼儿自己用水杯装半杯水，站在水池前，练习正确刷牙。注意不弄湿衣服。

2. 用小牙刷给牙齿模型刷牙，方法正确，爱护牙齿模型。

指导要点

指导幼儿掌握正确的刷牙方法：上牙往下刷，下牙往上刷，左右里外全刷到。

活动延伸

1. 幼儿园提供“我会刷牙”记录表，请家长督促指导幼儿每天早晚正确刷牙，并协助记录刷牙情况，每周将记录表带来幼儿园展示评价。
2. 开展“白白的牙齿”比赛活动。幼儿按组进行刷牙，方法正确为胜。

活动附件

儿歌《刷牙歌》：

小牙刷，手中拿，每天早晚要刷牙。

上牙从上往下刷，下牙从下往上刷。

左刷刷、右刷刷，咬合面，来回刷。

里里外外都刷到，露出牙齿白花花。

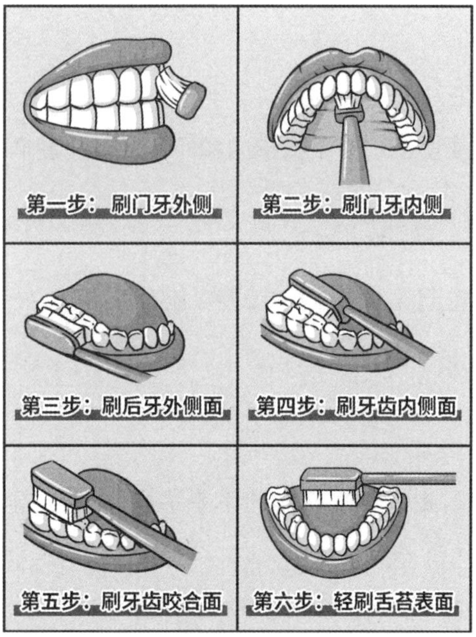

刷牙示意图

（作者：沈 涛）

小班活动　有趣的E转盘

活动目标

能根据看到的不同朝向的E字图样，分别用左手和右手做出与之相同朝向的动作。

活动准备

1. 物质准备：E转盘（上下左右四个位置分别有四个不同朝向的E字，中间有一个可以转动的指针）。
2. 经验准备：幼儿知道E字的开口方向就是指示方向。

活动内容

幼儿两人一组，一人转转盘，一人做动作，幼儿根据同伴转动转盘指针所指的不同E字图样，先用一只手进行相应的指示游戏，再换另一只手进行相同的游戏，然后两个幼儿交换。

活动要求

1. 幼儿要仔细看清E字的开口朝向。
2. 幼儿游戏的时候要使自己的手指指向和E字的开口朝向一致。

指导要点

教师指导幼儿掌握看到不同朝向的E字，能分别用左右手做出正确指示动作的方法。

活动延伸

设置小手对对碰区域，提供不同朝向的小手手样，让幼儿学习将自己的小手和手样重合。

活动附件

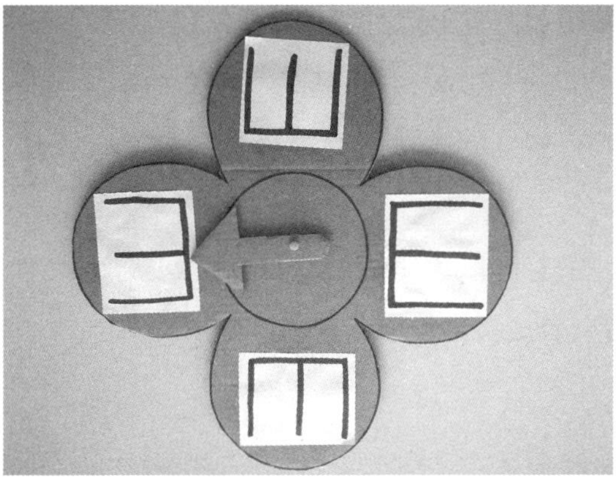

教具：不同朝向的"E"字

（作者：杨铮敏）

中班活动　参观牙医诊所

活动准备

1. 物质准备：教师提前做好参观安全方案（提前与牙医诊所联系，确定参观路线，与牙医沟通介绍关于龋齿、保护牙齿的方法）。
2. 经验准备：幼儿知道牙医是看牙齿的医生。

参观对象和内容

参观牙医诊所，了解牙医诊所的环境，关注牙医的工作，了解龋齿形成的原因和危害，知道保护牙齿的方法。

参观前谈话

1. 提出参观任务。
- 看看牙医诊所都有些什么。（诊疗区、治疗机器和工具等）
- 看看牙医是怎么工作的。
2. 参观过程中，幼儿保持安静、有序，注意礼貌，不随意离开队伍。

参观后汇总和讨论

1. 了解牙科诊所的各诊疗区：候诊区、治疗区等。
2. 了解治疗牙齿的机器和工具，并请牙医做相关的演示。
3. 认识牙医，了解牙医的工作：主要是处理拔牙、补牙、镶牙、美白修复等各类口腔问题。
4. 牙医向幼儿介绍乳牙和龋齿的知识，指导幼儿要合理饮食，少吃甜食，早晚刷牙，保护自己的牙齿，养成良好的生活习惯。

活动延伸

1. 在体检中心参与牙科检查活动。
2. 在角色游戏中布置“小小牙科诊所”。
3. 鼓励幼儿在生活中早晚刷牙，进行刷牙记录。

（作者：陈梦丽）

中班活动　谁没有蛀牙

活动目标

1. 了解龋齿的危害，知道保护牙齿的正确方法，预防龋齿。
2. 大胆介绍自己龋齿的情况，以个人—小组—班级的方式进行统计。

活动准备

1. 物质准备：幼儿体检记录表、小组龋齿统计表、班级统计表、幼儿姓名贴。
2. 经验准备：幼儿已经了解自己的龋齿情况。

活动内容

幼儿结合自己的体检记录单向同伴介绍自己的龋齿情况。小组合作完成龋齿统计表，由小组长介绍统计情况。全班共同完成班级统计表，共同关注自己和同伴的龋齿情况，激发幼儿保护牙齿，预防龋齿。

活动过程

一、导入部分

◆ 师：我们一起在体检中心进行了牙齿的检查，请大家看看体检记录单，你们知道自己有几颗龋齿吗？分别在哪里？班级里谁没有龋齿呢？

◆ 幼儿观察自己的体检记录单，了解龋齿情况。

二、基本活动

1. 幼儿结合体检记录单，介绍自己的龋齿情况。

2. 小组统计，完成小组统计表。

(1) 同一组的幼儿互相检查龋齿情况，自己龋齿的数量数清楚后，将龋齿数量写在对应名字的下面完成小组统计。

(2) 小组长介绍小组成员蛀牙统计情况。

3. 集体统计，完成班级统计表。

(1) 幼儿根据自己龋齿的个数，将名字粘贴在班级统计表相对应的数字一列上。

(2) 完成班级统计表，分析统计情况。

三、结束部分

◆ 师：我们班的龋齿情况还是很不错的。大多数小朋友都没有龋齿。

◆ 师：有了龋齿怎么办？你知道保护牙齿的正确方法吗？

活动延伸

将班级统计表与隔壁班级统计表对照，了解隔壁班幼儿的龋齿情况。

活动附件

小组龋齿统计表

第一组

幼儿姓名						
龋齿数量						

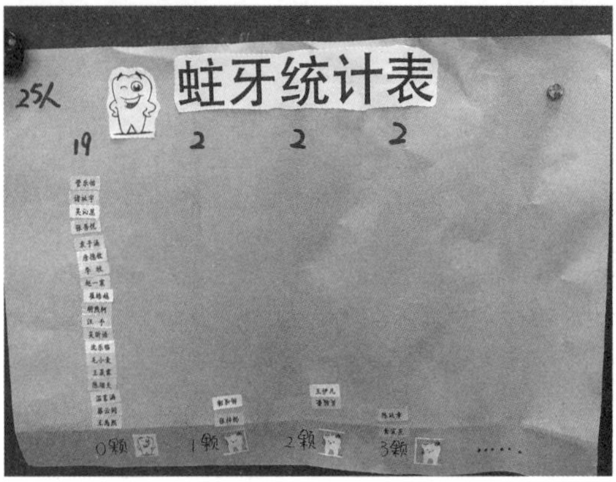

班级蛀牙统计表

（作者：陈梦丽）

中班活动　为什么他戴眼镜了

活动目标

1. 在了解影响视力的因素，懂得保护眼睛的重要性。
2. 注意用眼卫生，了解保护视力的有关知识。

活动准备

经验准备：幼儿在体检中心活动中测量过视力，知道自己的视力情况；教师事先和班级戴眼镜小朋友进行单独谈话，了解幼儿的具体情况。

活动内容

幼儿一起讨论视力下降的原因，知道视力下降会给自己带来很多不便，学习用眼卫生的小知识，改掉自己不良的用眼行为和习惯。

活动过程

一、导入部分

◆ 师：×××小朋友，你最近为什么戴眼镜了呀？

二、基本活动

1. 引导幼儿讨论视力下降的原因有哪些。

2. 让班级戴眼镜的小朋友说说自己戴上眼镜之后在生活、学习、运动时的不便，让幼儿进一步明白保护眼睛的重要性。提醒幼儿使用眼镜要注意安全，不碰撞到眼镜。
3. 引导幼儿讨论应该如何保护自己的眼睛，了解保护眼睛的具体方法。例如：不长时间看电视、玩电子产品；看书的时候保持良好的坐姿，和书本保持一定的距离，不在阴暗的地方或太阳下看书；不用脏手揉眼睛等。

三、结束部分

◆ 教师扮演不懂得保护眼睛的小朋友，做出各种行为，让班级幼儿做小裁判，对教师做出的行为进行评判，巩固幼儿保护眼睛方面的认识。

活动延伸

引导家长在家也要重视保护幼儿的视力，并对幼儿保护视力的行为进行督促和提醒。

活动附件

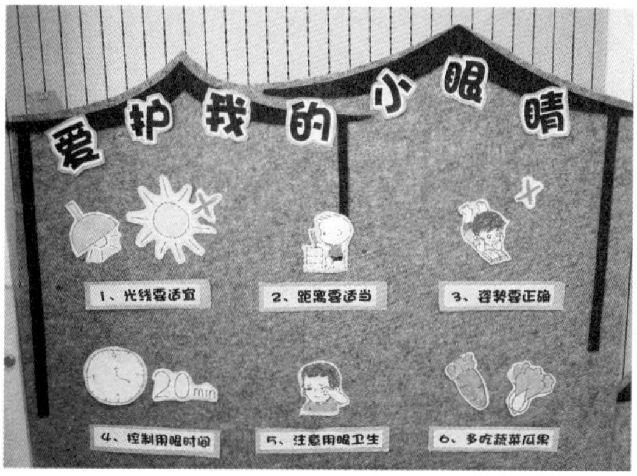

爱护眼睛示意图

（作者：杨铮敏）

中班活动　爱耳日

活动目标

1. 知道耳朵的功能，会用耳朵辨别不同的声音。
2. 知道耳朵对人的重要性，了解保护耳朵的办法。

活动准备

1. 物质准备：谜语、课件《机灵的耳朵》、蒙眼布。
2. 经验准备：幼儿在体检中心活动中测量过听力，了解自己的听力；知道每年3月3日是国际爱耳日。

活动内容

幼儿整班参与活动，辨别不同的声音，知道保护耳朵的办法。

活动过程

一、导入部分

◆ 谜语导入："左边一座山，右边一座山，用手摸得着，用眼看不见。"（谜底：耳朵）

二、基本活动

1. 教师播放课件《机灵的耳朵》，幼儿倾听辨别日常生活中的各种声音，如拍手的声音、汽车启动的声音、水流声等。
2. 做游戏"谁的耳朵灵"。

◆ 幼儿用布蒙住眼睛，老师在前、后、左、右不同方向敲响一种乐器，请他们指出声音从哪里来。

3. 幼儿讨论如何保护自己的耳朵。

◆ 师：大家说得很对，我们千万不能把小东西放进耳朵，那样做是很危险的，会伤害到我们的耳朵；当我们在遇到放鞭炮等强烈的声响时要张大嘴巴捂住耳朵，以免让声响伤害到耳朵；天气冷的时候我们还要戴耳帽、围巾等，保护耳朵不被冻伤。

三、结束部分

◆ 师：每年的3月3日是国际爱耳日。爱耳日告诉大家爱耳护耳的重要性，帮助我们养成健康用耳的习惯，我们一定要好好爱护我们的耳朵！

活动延伸

1. 开展设计国际爱耳日宣传海报的活动，鼓励幼儿将保护耳朵的知识用绘画的形式记录下来。
2. 幼儿可在3月3日带宣传海报到社区或幼儿园宣传爱耳护耳的知识。

（作者：蔡春玉）

大班活动　比比谁最高

活动目标

1. 知道比较多位数大小的方法，学习按高矮顺序进行排列。
2. 初步了解高和矮是相对的。

活动准备

1. 物质准备：每人一张自己的身高数值（结果）记录单、纸条、固体胶、一张大的空白统计表。
2. 经验准备：幼儿在体检中心活动中测量过身高，知道自己的身高是多少。

活动内容

幼儿整班参与活动，学习比较三位数数值的大小，进行小组高矮排序，找出全班最高和最矮的幼儿。

活动过程

一、导入部分

◆ 师：体检后大家知道了自己的身高是多少，可以根据结果，和好朋友比一比谁高谁矮。

二、基本活动

1. 幼儿根据个位数大小的比较经验，尝试比较两位数的大小。先比较第一个数字，第一个数字大，两位数就大。当第一个数字相同时，再比第二个数字。
2. 依据两位数比较的方法，探索学习比较三位数身高数值的大小。
3. 小组比身高，按照从高到矮的顺序排列好后，贴在纸条上。

◆ 高矮排序时，指导幼儿逐一两两比较，调整前后位置。

4. 将小组排列纸条贴在全班统计表中，找出全班最高和最矮的幼儿。
5. 根据身高数值，比较自己和同伴在不同小组中的高矮排列位置，初步感知高矮的相对性。

三、结束部分

◆ 师：多位数比较时，先看第一个数字，如果第一个数字一样，再比较第二个数字，依次类推。

◆ 师：跟不同的人比身高，高矮结果就有可能不一样。跟比你矮的人比，你就是高的，但是跟比你高的人比，你就是矮的，所以高还是矮，要比一比才能确定。

活动延伸

1. 幼儿用背靠背或前后重叠的方法两两比较高矮，还可以三个人进行比较。
2. 幼儿在日常生活中观察球的大小、树的高矮、跑步的快慢等，帮助幼儿发现生活中还有轻重、长短等，它们也和高矮一样，都是要比比才能确定的。

活动附件

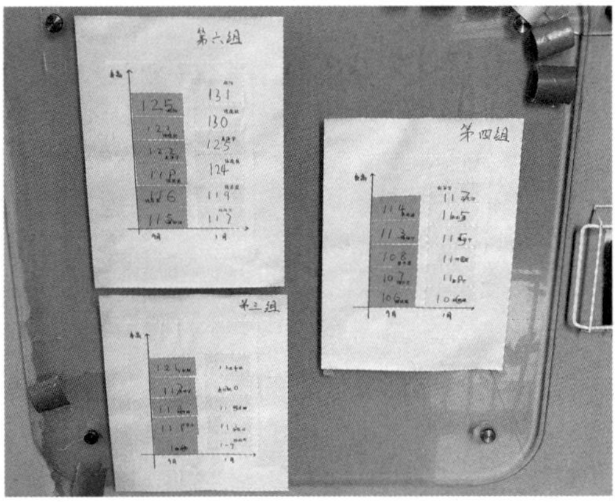

小组身高统计表

（作者：沈　涛）

大班活动　过新年换新装

活动目标

1. 能正确测量身体各个部位的长度（尺寸），并用数字进行记录。
2. 喜欢参与活动，与同伴积极主动合作。

活动准备

1. 物质准备：画有衣服图样的记录纸、卷尺、笔、数字印章、衣服一件。
2. 经验准备：幼儿知道购买新衣服时会量尺寸，并已基本掌握测量的方法。

活动内容

幼儿自主参与活动。在游戏区中，测量衣长、胸围和袖长，并进行记录，完成后可带回家作为购买新衣服的依据。

活动要求

1. 测量衣长时，卷尺从领子和肩膀交界处到底边要往下拉直。长度可以根据自己的喜好确定。
2. 测量胸围的时候要把卷尺放在腋下平平地围一圈，测量的幼儿帮忙围卷尺。
3. 在记录纸图示相应的位置，正确记录测量的结果。

指导要点

1. 引导幼儿观察衣服，讨论确定衣长测量的起始位置应从领子和肩膀的交界处开始。
2. 围合测量时，教师安全巡视，指导幼儿将卷尺紧贴测量部位。围一圈后，捏住卷尺与尺头重叠的部位，正确读数测量数据。
3. 指导幼儿量好一个地方马上记录，以免忘记和搞错。

活动延伸

角色游戏中开设新年量衣铺，在游戏中增设买新帽子、新裤子、新鞋子等情节，在量衣铺中测量头围、裤长、脚长等。

活动附件

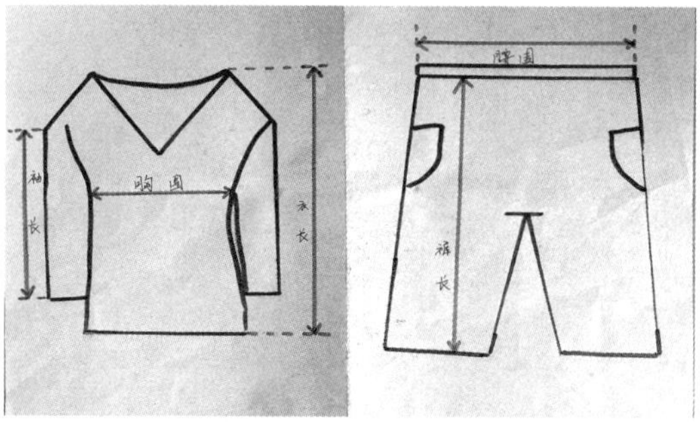

衣服图样

（作者：沈　涛）

大班活动　克隆人

活动目标

1. 能紧贴身体轮廓描画，正确比较克隆人的高矮。
2. 能与同伴分工合作完成任务。

活动准备

1. 物质准备：与幼儿身高等高或稍高的大纸若干、勾线笔、蜡笔、剪刀。
2. 经验准备：幼儿在日常生活中有比高矮的经验。

活动内容

幼儿在他人的帮助下，把自己身体的轮廓描在大纸上，然后剪下并比较身体高矮、胖瘦等。

活动要求

1. 幼儿在与自己身高等高或稍高的大纸上双脚并拢躺直，不动。
2. 其他幼儿紧贴其身体轮廓描画，涂色后沿边线剪下来。
3. 两个克隆人的双脚保持同一水平位置，进行比较。
4. 幼儿克隆同伴时动作要轻缓有序，要安全使用剪刀。

指导要点

指导幼儿比较克隆人高矮时，双脚（或头）需要保持在一条水平线上。

活动延伸

1. 设置数学区，提供不同长短的小棒、积木等进行比较，练习并掌握一端对齐比较的正确方法。
2. 多个克隆人进行高矮比较，并按高矮顺序排列，张贴展示。

活动附件

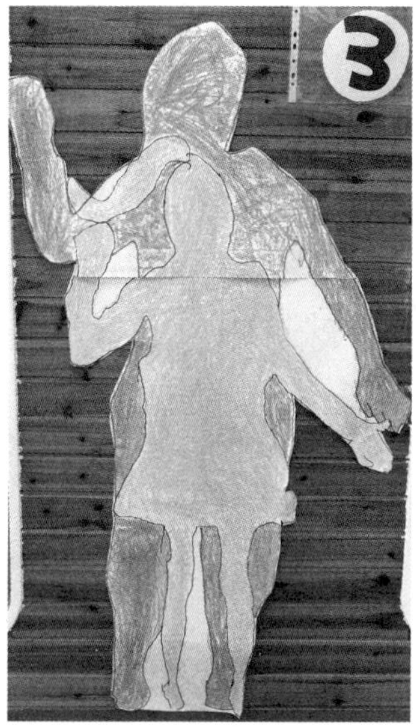

幼儿的克隆人绘画作品

（作者：沈 涛）

大班活动 姚明有多高

活动目标

1. 能运用首尾相接的正确方法，合作进行测量。
2. 了解人的身高和遗传、饮食、运动等相关。

活动准备

1. 物质准备：卷尺、笔。
2. 经验准备：幼儿已掌握测量身高的正确方法，并调查知道了姚明的身高数值。

活动内容

幼儿整班参与活动，用连续测量等方式直观感知姚明的高度。

活动过程

一、导入部分

◆ 师：大家调查知道了篮球运动员姚明的身高数值是 2.26 米，2.26 米具体有多高呢？

二、基本活动

1. 集体讨论,确定将两根卷尺连起来进行测量。
2. 幼儿合作,利用墙壁,以首尾相接的方法测量。在第一根卷尺"100 厘米"的位置按住或画线做标记,教师帮助向上再连接第二根卷尺,测到 1.26 米,做标记,观察最后的结果。
3. 教师挑选两个身高值合起来正好或 2.26 米左右的幼儿,后一名幼儿的脚顶住前一名幼儿的头,连着躺在地上。其他多名幼儿合作,在旁边用卷尺合作测量。观察最后的结果。
4. 幼儿讨论姚明长得很高的因素,主要包括遗传、运动、营养等。知道要多运动多吃饭,营养均衡,让自己长得更快更高。

三、结束部分

◆ 师:生活中,可以利用许多的自然物代替尺进行测量,但是每次测量只能使用同一种测量工具。当工具不够长时,可以用两个或者多个工具头尾相接进行测量。

活动延伸

多名幼儿合作,用卷尺测量跑道的长度、教室的宽度;自然物连接测量桌子的边长;角色游戏小诊所中,测量娃娃的身高;等等。

活动附件

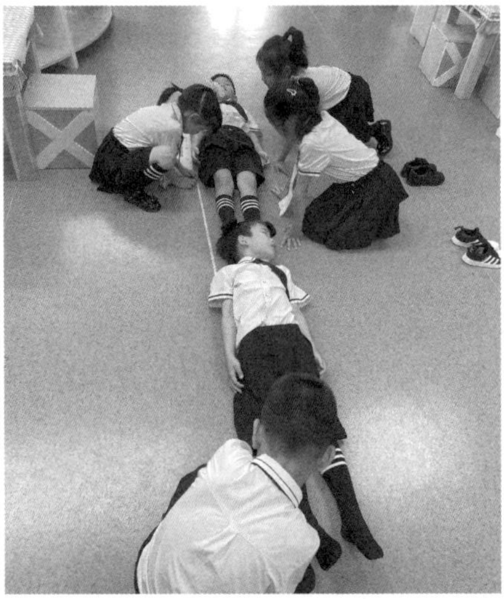

幼儿模拟测量姚明身高

(作者:沈　涛)

大班活动　吹气球

活动目标

1. 能遵守活动规则，用正确的方法吹气球。
2. 能比较气球的大小，感知自己和同伴肺活量的不同。

活动准备

1. 物质准备：不漏气的气球。
2. 经验准备：幼儿玩过吹羽毛游戏。

活动内容

相同时间内，两名幼儿面对面吹气球，然后比较气球大小。

活动要求

1. 两名幼儿深吸一口气，双手拿好气球，对着气球口用力吹，直到吹不动为止。
2. 两人将气球口保持在同一水平位置，进行大小比较。
3. 指导幼儿掌握正确吸气、呼气的方法，避免吹气过猛。
4. 提醒幼儿气球不与他人交叉使用。
5. 同一幼儿不要连续进行此游戏，避免过度吹气。

活动延伸

1. 可开展“我们是肺”的韵律活动，和幼儿一起做吸气和呼气的动作。
2. 进一步巩固掌握吸气、呼气的正确方法。

活动附件

幼儿结伴吹气球

（作者：蔡春玉）

大班活动　为什么他喘得这么厉害

活动目标

1. 知道人活动后呼吸的频率与肺活量的大小有关。
2. 能大胆讲述，分享活动中自己的感受和发现。

活动准备

1. 物质准备：肺活量测量仪。
2. 经验准备：幼儿有跑步活动的经验。

活动内容

幼儿参与跑步活动，活动后观察自己与同伴呼吸频率的不同，并分享自己感受。

活动过程

一、导入部分

◆ 师：小朋友们，跑完步以后，你有什么感受，身体有什么变化，谁来说说看？

二、基本活动

1. 幼儿观察跑步后自己与同伴喘气的频率，进行讨论。喘气快的人，他的气就多吗？喘气慢的人，他的气就少吗？
2. 幼儿讨论气都到哪去了，肺里有多少气。
3. 保健医生介绍身体呼吸器官肺和我们呼吸的关系。

◆ 师：肺是我们身体里的呼吸器官，像气球一样，吸气变大，呼气变小。

◆ 在感受肺和呼吸关系的时候，教师指导幼儿一起做吸气呼气的动作，感受胸部起伏的变化。

三、结束部分

◆ 师：原来呼吸的频率与肺活量的大小是息息相关的，那肺活量的大小怎样来测量呢？我们一起来认识一下肺活量测量仪吧！

◆ 师：每个人的肺活量都一样吗？我们进入体检中心去测测吧。

活动延伸

1. 进入体检中心开展活动“肺活量的秘密”，测一测自己和同伴的肺活量的大小。
2. 科学区可投放肺呼吸模型，让幼儿在操作过程中能够更清楚地看到呼吸的整个过程。

（作者：蔡春玉）

第三章　布艺坊

我园公用活动室布艺坊环境优美，具有吴文化底蕴特色，室内陈列了各种布料、针、线等布艺材料以及相关的布艺作品，旨在鼓励幼儿通过穿针、引线、打结等技能练习，来体验各类布艺活动，尝试制作布艺作品。我园结合幼儿兴趣与需要，定期开展布艺坊活动。在活动中，幼儿通过小组、部分、整体等不同的组织形式进入布艺坊，教师也有针对性地根据幼儿的需要选择单区、部分区或者整区等不同的开放形式，更好地帮助幼儿参与布艺坊活动。我园主要结合主题开展多样的布艺坊活动，同时也会根据时令节气、幼儿身心发展需求及兴趣需要等开展布艺活动。同时在布艺坊中开展的活动也能生发出新的课程活动内容，因此我园布艺坊有别于传统注重空间区域的活动室，它具有资源教室的开放性、动态性等特点，它还是幼儿园课程资源的一部分，是我园园本课程实施的重要途径。

一、创设背景

《指南》中提出要重视幼儿生活环境，激发幼儿对家乡的自豪感和热爱，并利用传统节日、民间游戏等文化资源，向幼儿介绍我们的民族文化。在我园多年园本课程建设中，如何充分利用吴文化并让其伴随吴地幼儿的健康成长，一直是我园正在进行探讨和研究的内容。在多年的教育实践研究中，我们形成了较系统的以传统文化为核心的主题课程，为幼儿了解和深入体验吴地文化创造了生动活泼的环境和大量的机会。在课程实施中，我园幼儿在接触多姿多彩的吴文化过程中，感受到了多姿多彩的苏州丝绸文化。同时，我们也将时令岁节融入课程，在一些传统节日中，开展一些具有节日特色的手工布艺活动，如缝香包、做桃花、搓柳条、编蛋网等。我们也会设置相关区域，让幼儿练习刺绣、学习打结等，特别是在手工区，穿、编的一些操作活动十分受幼儿的欢迎。

因此在已有相关文化特色课程研究基础之上，我们开设了布艺坊，在布艺坊中开展编织、扎染、缝纫、刺绣等系列布艺活动。我们建构丰富多彩、活泼生动的本土文化教育园本课程，带领幼儿充分利用具有地方特色的优秀民间资源，按照幼儿能了解和接受的程度，将其有机地融入生活化、游戏化专室课程，逐步形成具有特色的布艺坊公用活动室文化课程。

二、创设价值

布艺制作与幼儿的生活具有联系，幼儿在布艺坊中开展编织、扎染、缝纫、刺绣等系列活动，布艺坊作为课程实施的一种方式，也是一种课程资源，具有多种价值。

1. 体现了具有苏州特色及地方文化的美，促进了幼儿审美等能力的提高

布艺坊是我们众多公用活动室中最具美感的公用活动室。我们踏入布艺坊，映入眼帘的是具有古色古香的纺织机，柜子上陈列着可爱萌态的虎头鞋以及幼儿手工制作的香包香囊，再往里走，具有水乡特色的小桥流水背景墙展现在眼前，充满诗意的纸灯笼轻轻垂挂，所有物品中蕴含着苏州文化的古典与典雅，又不乏儿童的童趣与天真。一进入布艺坊，人们就会流连忘返，仿佛置身于一个既优雅又不乏天真烂漫的天堂。优美的且有教育性的环境会说话，幼儿进入布艺坊中，便会放慢脚步，静心投入，在手指智慧的动作中提高欣赏与审美的能力。

2. 延伸并扩充了班级区域功能

布艺坊是班级之外的与课程相结合的公用活动室，为幼儿提供拟真的环境，形成了自己的空间及规则制度等，是一种开放的且注重幼儿个性发挥并帮助幼儿增加体验感受的活动场所。在布艺坊中，我们提供扎染、编织、缝纫的各种材料和工具，从而弥补了班级区域在时间、空间方面存在的缺陷，有效地对班级区域活动进行了延伸和补充。

3. 促进了幼儿的发展

布艺坊中有各种精细活动，活动促进了幼儿动手动脑等各方面的发展，如布艺坊中有裁剪、编织、扎染、缝纫、刺绣等活动，幼儿在进行这些活动时会穿针引线、打结、编织等。这些动作更多地涉及幼儿手部精细动作和手眼协调能力，幼儿在动手制作的过程中，不断尝试不同的制作方式，不仅提高了自身动作技能与学习品质，更丰富了自己的艺术体验。另外，布艺坊活动能吸引幼儿专注投入布艺制作中，极大地培养了幼儿耐心、细心、专心的行为习惯和品质。

4. 有效传承并发挥了吴文化的优良传统

苏州的吴文化历史源远流长，在中国传统民族文化中熠熠生辉。苏州的丝绸、刺绣，立夏的蛋网、香包，江南的蓝印花布等等，表现手法多样，制作精美，原料、色彩、制作等都蕴含着民俗性和艺术性，吸引着幼儿的目光。在布艺坊活动中，我们开展的编织、扎染、缝纫、刺绣等一系列活动，与吴文化中刺绣、丝绸等相关，有效地发挥并传承了吴文化的优良传统。

三、创设目标

布艺坊目标的制定是在对《纲要》以及《指南》目标的充分解读之下，根据小、中、大幼儿的不同发展水平制定的年龄段目标，体现了目标的层次性和持续性。分目标的确定，让目标在布艺坊活动中更具操作性、评价性，更好地实施与落实。

表 3－1 布艺坊总目标及各年龄段目标

总目标	1. 了解布艺坊的环境、工具，感受布艺坊的艺术氛围。 2. 喜欢自然界、生活中美的事物和艺术作品，感受布艺作品独特的美。 3. 乐意参与布艺活动，能运用多种工具和布艺材料，大胆进行艺术表现和创作。 4. 能用自己制作的布艺作品布置环境、美化生活。
小班	1. 熟悉布艺坊的环境，了解布艺坊里主要的、常用的工具。 2. 感知各种布料的色彩、手感，并能用语言表达出来。 3. 能尝试运用植物在布料上进行简单的拓印活动。 4. 知道安全使用工具，不将尖锐物品对着自己和他人，不把细小物品放到耳、鼻、口中。
中班	1. 欣赏各种丝绸工艺品，感受其特有的美。 2. 了解针、剪刀等布艺制作的常用工具，能正确、安全地使用，并整理、收纳好。 3. 了解捆、扎等扎染的基本方法，尝试运用多种材料进行扎染活动。 4. 了解家乡的特色工艺苏绣，尝试简单的刺绣针法。 5. 能运用多种材料，制作完成简单的布艺用品或玩具。
大班	1. 能安全、熟练地使用多种工具、材料开展布艺坊活动。 2. 欣赏各种布艺作品，能用表情、动作、语言等方式表达自己的理解。 3. 能向成人、同伴介绍自己制作的布艺作品，并能认真欣赏他人的作品。 4. 在使用针、线、布料等物品时能够不浪费，并主动收纳整理物品。 5. 能坚持、细致地完成一件布艺作品，用于环境布置，或在生活、游戏中使用。

四、环境设置

《纲要》中指出“幼儿园应为幼儿提供健康、丰富的生活和活动环境，满足他们多方面发展的需要，使他们在快乐的童年生活中获得有益于身心发展的经验”“环境是重要的教育资源，应通过环境的创设和利用，有效地促进幼儿的发展”。在幼儿园布艺坊的环境创设中，我们依据《纲要》中的指导，将布艺坊格局、空间、区域进行科学的规划，空间上给幼儿一种美的视觉冲击，让幼儿在布艺坊里体验创作的快乐。

1. 科学的空间布局

扎染区需要工具、材料、操作台，同时扎染过后，需要用水进行冲洗，所以扎染区的设置是靠着水源的。刺绣区和裁剪区都需要充足的光线，所以刺绣区和裁剪区应设置在窗户边。缝纫区需要有文化背景，设置在靠着墙壁之处，墙壁上画的是苏州园林图案。编织区需要有独立的空间，所以有柜子做隔断，隔断区域里放了一张大桌子，摆放编织机，隔断上陈列幼儿的作品。缝纫区需要很多的小配件，所以我们对缝纫区的家具设置不同于其他区域，选购的是安全玻璃桌面，下面有很多小格子，可放置缝纫所需要的材料和配件，用时通过透明玻璃选择好材料，将玻璃下面的抽屉抽出来即可使用。

2. 合理的环境设置

布艺坊既是一个布艺的博物馆，陈放陈旧的竹制手摇器，大型陈旧织布机、竹编架，墙上展示织布从古至今的演变史；又是布艺的操作室，可以扎染、编织、刺绣、裁剪、缝纫；亦是作品的展示室，幼儿们的作品被展示在各个区域的展示板上。

在设置上，布艺坊分为扎染区、编织区、刺绣区、裁剪区、缝纫区、展示区，区域与区域之间有隔断，既体现出江南风格，又能体现区域的特性，并且每个区域都有操作指示牌，在座位的设置中，投放有高椅子和矮椅子，幼儿们可根据自己的身高选择座位。

表 3-2 布艺坊各区材料及环境

扎染区： 1. 废旧白布料、T 恤等 2. 各类夹子、皮筋 3. 各类辅助材料 4. 染料等	
编织区： 1. 编织机 2. 各类毛线 3. 勾线针、梭子 4. 手工穿编材料	
刺绣区： 1. 绣绷 2. 钢针(大小不一)、线(真丝线、刺绣线)、插针包 3. 各类布料(设计图稿)	

续表

裁剪区： 1. 皮尺、直尺、三角尺、剪刀、画粉 2. 各种丝带、各种布、废旧衣物	
缝纫区： 1. 脚踩缝纫机、电动缝纫机、电动锁边机 2. 线、穿针器、缝合针 3. 人体模特模型、衣架 4. 各种扣子、各种盘扣、各种亮片、各种布 5. 顶针、梭芯、梭壳、插针包	
走廊展示区： 1. 幼儿刺绣作品 2. 幼儿编织作品	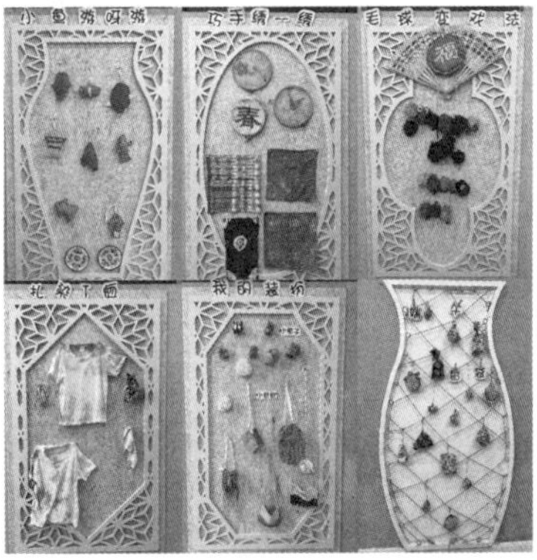

五、活动方案

(一) 活动例举

• 布艺坊活动室内活动例举

表 3-3　布艺坊活动室内活动例举

活动名称	年龄段	活动来源	时长	组织形式			选择区域			说明
				小组	部分	整体	单区	部分	整区	
美丽的布艺坊	小班	主题活动“我的幼儿园”	1 小时			√	√			
植物印染	小班	主题活动“我的幼儿园”	1 小时			√	√			
布艺装扮	小班	主题活动“蔬菜”“蔬菜王国舞会”	1 小时	√			√			
花布条	中班	主题活动“美丽的丝绸”	1 小时			√	√			
好玩的扎染	中班	主题活动“美丽的丝绸”	1 小时			√	√			
运动员号码牌	中班	主题活动“美丽的丝绸”	1.5 小时	√			√			
端午做香包	中班	节日活动“端午节”	1 小时	√			√			
好看的头巾和围裙	大班	主题活动“美丽的丝绸”	1.5 小时	√			√			
了解丝线	大班	主题活动“小苏州看新苏州”	1.5 小时	√				√		
新春绣“福”字	大班	主题活动“过新年”	1.5 小时	√			√			
小小鞋套	大班	主题活动“我上小学了”	1.5 小时			√	√			
立夏编蛋网	大班	节气活动“立夏”	1.5 小时	√			√			
美丽的旗袍	大班	主题活动“美丽的丝绸”	1.5 小时	√					√	

- 布艺坊活动室外活动例举

表 3-4　布艺坊活动室外活动例举

活动名称	年龄段	活动来源	与公用活动室活动时间关系	活动类型						说明(亲子活动、大带小等在该列标明)
				集体	区域	生活	游戏	实践	其他	
绕毛线	小班	公用活动室活动“布艺装扮”	后延		√					
果蔬拓印	小班	公用活动室活动“植物印染”	后延		√					
各种各样的布艺品	小班	公用活动室活动“布艺装扮”	前置						√	
小裁缝收集布料	中班	公用活动室活动“花布条”	后延						√	
丝绸博览会	中班	生活活动“认识丝绸”	后延	√						
扎染分享会	中班	主题活动“美丽的丝绸”	后延	√						
参观苏州丝绸博物馆	中班	主题活动“美丽的丝绸”	后延							亲子参观
小海狸缝围裙	大班	公用活动室活动“好看的头巾和围裙”	前置	√						
美丽的刺绣	大班	公用活动室活动“美丽的旗袍”	后延	√						
神奇的扎染	大班	公用活动室活动“好看的头巾和围裙”	前置	√						
中国结	大班	主题活动“过新年”	后延		√					
参观苏州刺绣研究所	大班	主题活动“美丽的丝绸”	后延							亲子参观
亲子旗袍秀	大班	主题活动“美丽的丝绸”	后延	√						亲子展示

(二) 活动设计

• 布艺坊活动室内活动设计

小班活动　美丽的布艺坊

活动目标

1. 熟悉布艺坊的环境,感受布艺坊里的美。
2. 了解布艺坊里主要的、常用的工具,知道安全使用工具。

活动准备

1. 物质准备。

★ 扎染区:白棉布、滴管、染料、哥哥姐姐的印染作品。
★ 缝纫区:针、线、剪刀、穿针器、插针包、缝纫机、布条、未封口的沙包。
★ 欣赏区:简单的布艺制作的视频(扎染、拓印、刺绣等)。
★ 各活动区域布置中大班幼儿的布艺作品。

2. 经验准备:幼儿有参观的经历。

活动内容

幼儿整班进入,分别参观布艺坊各个活动区域,了解、熟悉布艺坊的环境和工具。

活动过程

一、导入部分

◆ 幼儿回忆参观幼儿园的活动,说说自己喜欢的地方,引出参观布艺坊的活动。

二、基本活动

1. 幼儿参观布艺坊,看一看、说一说布艺坊美在哪里。感受布艺坊里各种布料、丝线、工具以及各种作品的美。
2. 幼儿重点参观布艺坊扎染区、缝纫区。
    (1) 扎染区:看一看、试一试不同滴管里的染料,师生共同完成一幅滴染作品;欣赏哥哥姐姐的印染作品,说说自己喜欢哪幅作品。
    (2) 缝纫区:认识缝纫工具——针、线、剪刀、穿针器、插针包、缝纫机,观看老师用布条制作小花、用缝纫机制作沙包，感受如何安全使用各种工具。

3. 幼儿欣赏简单的布艺制作视频，感受布艺作品的美。

4. 教师巡回指导：鼓励幼儿摸一摸、看一看、说一说，提醒幼儿注意使用工具的安全。

三、结束部分

◆ 幼儿说说布艺坊里的主要活动区域，自己最喜欢哪个区域。知道一些安全使用工具的方法。

活动延伸

可多次参观布艺坊，进一步熟悉、了解布艺坊，对布艺坊活动产生兴趣。可收集各种布制玩具，摸摸、说说不同的布料有什么不一样；日常生活中注意吸管、剪刀等尖利物品的使用安全，不把细小的物品放入口、鼻、耳中。

（作者：蒋静雯）

小班活动　植物印染

活动目标

尝试用植物压在白布上拓印出植物叶子和花朵的纹路。

活动准备

1. 物质准备：植物的花和叶、白布、石块，幼儿自带浅色无图案的小手帕。

2. 经验准备：幼儿预先观察过幼儿园内种植园地花朵、叶子的纹路。

活动内容

自选植物在白布上用石块敲击的方式将花叶形状印在白布上。

活动过程

一、导入部分

◆ 教师展示预先收集的花和叶，引导幼儿观察其纹路：你想要在白布上拓印出什么样的纹路呢？

◆ 教师示范用白布压住植物，再用石块均匀地敲击白布表面。

二、基本活动

1. 幼儿前往种植园地寻找各种形状的花和叶。

◆ 教师可提醒幼儿寻找新鲜的、颜色鲜艳的花叶。

2. 幼儿尝试用白布或小手帕压住花和叶，并用石块敲击压住的部分，直到花和叶的颜色完全释放出。

3. 教师鼓励幼儿说一说自己在选择拓印的花和叶上有什么需要注意的地方：什么花、叶子拓印出来的颜色清晰呢？（新鲜的花和叶、敲击均匀）

三、结束部分

1. 幼儿交流说说自己的拓印方法。

◆ 师：你是怎么使用石块敲击的呢？怎么敲花叶使颜色出来得快？（用石块扁平的一面敲击）

2. 欣赏其他区域幼儿的作品。

活动延伸

1. 轮流请不同的小组使用不同的花叶进行拓印并比较。
2. 和户外种植、写生植物的活动结合起来，引导孩子们关注幼儿园的植物。

活动附件

幼儿拓印植物

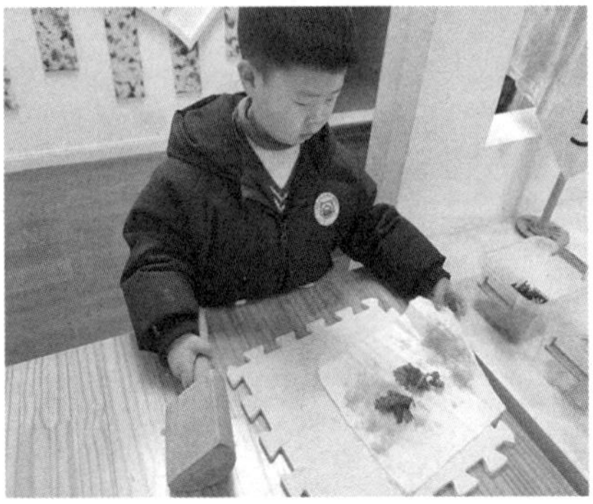

幼儿的植物拓印作品

（作者：周 娜）

小班活动　布艺装扮

活动目标

1. 感知各种布料的色彩、手感，并尝试用语言表达。
2. 体验布艺装扮的快乐。

活动准备

1. 物质准备：背后粘有双面胶的雌雄贴若干，幼儿提前收集的各种各样的扎染布、手帕等，哥哥姐姐们制作好的布艺蔬菜玩偶。
2. 经验准备：幼儿了解各种各样蔬菜的外形特征。

活动内容

幼儿看一看、摸一摸不同布的色彩和手感，尝试用语言表达出来，并选择合适的布，用贴雌雄贴的方法拼接，制作蔬菜衣服。

活动过程

一、导入部分

◆ 师：蔬菜宝宝们邀请小朋友们一起穿上蔬菜服装去参加"蔬菜王国舞会"。你想变成什么蔬菜？它是什么样子的？

◆ 师：请你们看一看、摸一摸这些不同的布，它是什么颜色的？摸上去感觉怎么样？请你选择一块喜欢的布做蔬菜服装。

二、基本活动

1. 幼儿选择合适的布当作围巾、头巾、披风等。
2. 幼儿选择制作好的布艺蔬菜玩偶，背后贴上雌雄贴，贴在自己的衣服上。

三、结束部分

1. 幼儿说一说用了什么颜色、什么手感的布做了什么蔬菜。
2. 幼儿说说装扮成蔬菜后的感受。
3. 幼儿做好收拾整理工作。

活动延伸

用各种布料进行头饰装扮，选择合适的布缠绕在发箍上。区域中继续提供各种各样的布，装扮成各种动物等形象，并在角色游戏"小舞台"中表演。

活动附件

幼儿用布艺装扮进行表演 1

幼儿用布艺装扮进行表演 2

（作者：张洁来）

中班活动　花布条

活动目标

1. 尝试用剪刀剪布，及双手撕扯的方法撕布条。
2. 知道剪刀是布艺制作的常用工具，能正确、安全地使用，并整理、收纳好。

活动准备

1. 物质准备：各种布料、剪刀。
2. 经验准备：幼儿了解各种布料、了解布艺坊剪刀的使用方法。

活动内容

幼儿在撕布区尝试用剪刀剪开布料，沿着布的线条，双手用力撕。

活动过程

一、导入部分

◆ 师：小朋友收集了很多好看的布条，我们来摸一摸，看看它们是否都一样。今天我们还要试着把这些布料撕一撕，看看哪些布容易撕开、哪些布不容易撕开。

二、基本活动

1. 教师出示布料,幼儿摸一摸,感受布料的不同质地。

2. 幼儿剪布撕布。

(1) 选择不同的布料,尝试用剪刀剪布。

(2) 将剪开的布,进行撕布、扯布。

3. 教师巡回指导。

(1) 根据布料的厚薄选择合适的布料进行剪布、撕布。

(2) 提醒幼儿注意剪刀的安全使用,以及布料大小的裁剪。

4. 幼儿进行布料分类。

◆ 将容易撕的布料与不容易撕的布料分类摆放。

三、结束部分

1. 幼儿说说自己剪布、撕布遇到的问题。

2. 幼儿说说自己的发现:哪些布料比较好撕、哪些布料难撕?

活动延伸

1. 将撕好的花布条进行打结练习。

2. 将布料撕成手帕大小投放在扎染区。

活动附件

幼儿利用布头打结

幼儿撕布条

(作者:张馨韵)

中班活动　好玩的扎染

活动目标

1. 尝试用橡皮筋进行扎染。

2. 能运用多种材料，运用绕、夹等动作进行固定造型。

活动准备

1. 物质准备：长尾夹、雪花片、橡皮筋、白色旧衣服、手帕、有染料的染缸。
2. 经验准备：幼儿有缠绕橡皮筋的经验。

活动内容

幼儿进入扎染区，在旧衣服上用多种材料进行扎、夹、绕，并放进染缸里扎染。

活动过程

一、导入部分

◆ 师：今天老师带来了一件衣服。这件衣服上的图案好看吗？我们在布艺坊用扎染的方法也来做一件这样的衣服吧。

二、基本活动

1. 幼儿回忆之前在区域中进行的缠绕橡皮筋游戏，并选择橡皮筋在白色旧衣服上用长尾夹、雪花片等进行缠绕并扎染。
2. 教师示范绕的方法。

◆ 教师引导幼儿用橡皮筋绕一圈转一圈再绕。

3. 教师引导幼儿观察绕和夹的动作。

◆ 第一种：将衣服用折叠的方法叠 4—5 层，用长尾夹夹住。

◆ 第二种：用衣服把雪花片包进去，用橡皮筋一圈又一圈绕紧。

4. 幼儿学习扎染衣服。

◆ 幼儿尝试用橡皮筋把包好雪花片的衣服紧紧缠绕紧，扎好后放进染缸进行浸泡。

5. 教师巡回指导。

(1) 橡皮筋缠绕的方法。

(2) 橡皮筋有没有绕紧。

(3) 有耐心地完成扎染。

三、结束部分

1. 幼儿交流各自是选择什么材料进行扎染的，效果如何。
2. 幼儿交流活动中发现的问题、遇到的困难以及解决的方法等。

活动延伸

幼儿将扎染的作品进行展示，也可以将扎染的衣服运用于角色游戏之中。

活动附件

幼儿扎染

幼儿为染缸加染料

幼儿分享扎染作品

（作者：兰道丽）

中班活动　运动员号码牌

活动目标

1. 尝试用平针法刺绣。
2. 运用多种材料制作运动员号码牌。

活动准备

1. 物质准备：针、线、绣绷、布料、运动员号码牌设计图稿。
2. 经验准备：幼儿有刺绣前期的经验，如穿针引线、打结。

活动内容

幼儿在刺绣区学习平针刺绣法，用五彩丝线在设计好的运动员号码牌上刺绣数字。

活动过程

一、导入部分

◆ 师：幼儿园马上就要举行运动会了，小运动员们都为自己设计了运动员号码牌，今天让我们到布艺坊里用五彩丝线把运动员号码牌绣得更漂亮吧。

二、基本活动

1. 回忆刺绣号码牌前期准备工作：选择运动员号码牌设计图稿，固定好绣绷、选择丝线，进行刺绣。
2. 教师示范平针针法。

◆ 教师引导幼儿一针上一针下，来回绣。

3. 教师引导幼儿欣赏两种不同绣法的绣品。

◆ 第一种：沿轮廓刺绣。

◆ 第二种：将空白处绣满。

4. 幼儿刺绣号码牌。

◆ 幼儿尝试用平针针法绣运动员号码牌。

5. 教师巡回指导。

(1) 注意针的安全使用，小心拿放，当心刺到手指，活动结束后记得放回。

(2) 遇到刺绣线打结时，要及时拆针。

(3) 有耐心地完成号码牌的刺绣。

三、结束部分

◆ 幼儿将绣好的运动员号码牌别到衣服上。

活动延伸

在区域中继续投放刺绣材料，根据幼儿的刺绣能力，鼓励幼儿设计更复杂的图案，进一步练习平针针法。

活动附件

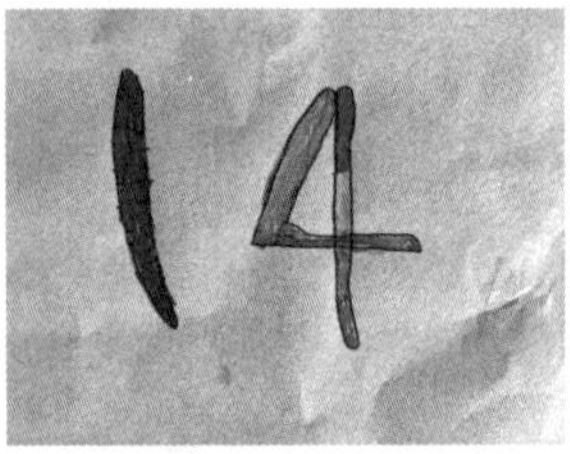

幼儿运动员号码牌设计图

幼儿绣运动员号码牌

幼儿绣的运动员号码牌 1

幼儿绣的运动员号码牌 2

（作者：张馨韵）

中班活动　端午做香包

活动目标

1. 知道制作香包的基本步骤,尝试制作香包。
2. 感受端午节做香包的传统习俗。

活动准备

1. 物质准备:裁好的方形绸缎、针、线、剪好的丝带(用来挂在脖子上)、药材。
2. 经验准备:幼儿有穿针引线、打结、使用平针缝制的经验。

活动内容

幼儿将绸缎反面对折,用平针锁边后把绸缎翻正,放入药材,用丝带打结封口,完成香包。

活动过程

一、导入部分

◆ 师:端午节就要到了,端午节有哪些习俗?

◆ 师:古时候人们在端午节时佩戴香包,散发出的气味可以避免虫咬。今天我们就一起来做香包。

二、基本活动

1. 欣赏端午节的香包,出示做香包的材料,说一说准备怎么做香包。
2. 总结香包的制作方法:将布反面对折后两边缝起来,把香包翻正,将药材放入香包,用丝带打结封口,香袋底边还可以缝上流苏。
3. 回忆平针针法:穿针引线,打结,对折好的布边角对齐,从最旁边开始用平针缝制,注意每一针间隔距离相等,最后把线抽紧打结。

三、结束部分

1. 解决问题。

◆ 师:在缝制香包的时候是否遇到困难,你是怎么解决的?

◆ 师:平针要紧凑,间隔距离一样,这样药材就不会漏出来。

2. 欣赏制作好的香包。

◆ 师:这个香包制作得怎么样?还有哪里需要改进?

活动延伸

制作更多的香包送给亲朋好友或放在角色游戏中买卖，端午节挂上自己做的香包。区域游戏中投放不同形状的香包进行缝制，幼儿可以根据自己的喜好加入不同的药材。

活动附件

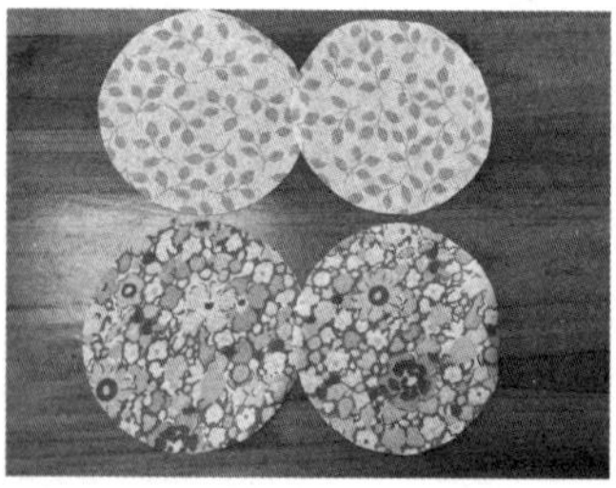
香包布头材料

幼儿制作香包

幼儿制作的香包

（作者：张洁来）

大班活动　好看的头巾和围裙

活动目标

1. 知道裁剪和缝合的基本步骤，尝试锁边绣的缝合方法。
2. 能够坚持、细致地完成头巾和围裙，并用于角色游戏的扮演中。

活动准备

1. 物质准备：针、线、布料、系带、剪刀、皮尺。
2. 经验准备：幼儿有穿针引线、打结的经验；了解锁边绣的刺绣针法；预先在体检中心活动中测量好头围和腰围并记录好数据。

活动内容

幼儿能够按照头巾和围裙的尺寸要求，学习用锁边绣的刺绣方法进行锁边，最后缝上系带。

活动过程

一、导入部分

◆ 教师展示头巾和围裙的实物，引导幼儿发现其分别由哪几个部分组成。（头巾：三

角形的布和刺绣装饰;围裙:方形布和系带)

二、基本活动

1. 幼儿制作头巾:根据自己的头围,裁剪出比头围长度再长10厘米左右的三角形布块,再剪两段20厘米左右的系带,系带的一头分别用针线固定在三角形布块的两个角上。
2. 幼儿制作:根据自己的腰围,裁剪出比腰围短10厘米左右的方形布块,再剪两段20厘米左右的系带,系带的一头分别用针线固定在腰间的位置。
3. 教师巡回指导:提醒幼儿专心使用剪刀,当心剪到手指。
4. 幼儿展示制作好的头巾、围裙,互相欣赏。

三、结束部分

1. 幼儿说说裁剪的时候需要注意些什么。
2. 幼儿说说自己的锁边绣技巧,如可以用铅笔在布料上预先画好与边平行的横线,沿着铅笔画的横线进行锁边绣可避免歪斜。

活动附件

幼儿欣赏的头巾作品

(作者:周　娜)

大班活动　了解丝线

活动目标

1. 知道蚕茧能抽丝、染色,制作成各种丝制品。
2. 尝试使用各种材料和染色工具进行缫丝、染色。
3. 能向成人、同伴介绍自己的制作过程,认真倾听他人的介绍。

活动准备

1. 物质准备。

★ 缫丝区:热水浸泡的蚕茧若干、积木、卷筒纸芯、筷子。

★ 扎染区:装有不同染料的水盆 5—6 个。

★ 刺绣区:各色丝线、针、画有简单图案的布。

★ 欣赏区:缫丝方法视频、丝制工艺品。

2. 经验准备:幼儿知道蚕的生长过程,了解蚕茧的特征。

活动内容

幼儿运用不同的工具、材料等分别进行缫丝、染色、刺绣等,了解丝线的由来和用途。

活动过程

一、导入部分

◆ 回忆蚕的一生有哪些阶段,说说蚕茧的外形特征,引出制作丝线的活动。

二、基本活动

1. 布艺坊分组活动。

(1) 缫丝区:尝试缫丝。

◆ 重点指导:选择适宜的工具尝试进行缫丝,注意沿同一方向绕线。教师提醒幼儿热水浸泡过的蚕茧要放凉后再使用。

(2) 扎染区:染丝线。

◆ 要求:将绕好的丝线放入水盆中,轻轻拨动,浸染 5 分钟左右后取出晾晒。

(3) 刺绣区:刺绣图案。

◆ 要求:选择各色丝线,穿针引线、打结,在画有简单图案的布上沿轮廓刺绣。

(4) 欣赏区:欣赏缫丝方法视频及各种丝制工艺品。

◆ 要求:认真观看视频,倾听同伴的介绍,并与同伴轻声交流自己的发现。

2. 教师巡回指导:鼓励幼儿说说丝线与其他线的不同之处;提醒幼儿缫丝绕线时方向要一致,和同伴分工合作,一个人抽丝,一个人绕线。每个区可提供各色棉线、尼龙线等,鼓励幼儿看一看、比一比、说一说,了解丝线的特点。

三、结束部分

◆ 幼儿说说自己选择的缫丝工具,缫丝的过程以及丝线的特点(光滑、有韧性、纤细等),欣赏其他各种丝制品。

活动延伸

1. 欣赏苏绣、缂丝方法和相关作品，进一步了解丝线在我们生活中的运用。
2. 收集各种丝线、棉线、尼龙线等，观察比较不同，了解不同的线在生活中的运用。

活动附件

幼儿体验缫丝

（作者：蒋静雯）

大班活动　新春绣“福”字

活动目标

1. 能熟练使用针、线，独立进行刺绣活动。
2. 能坚持完成布艺作品，并乐意用于班级环境布置。

活动准备

1. 物质准备：针、线、绣绷、描好的纱网、穿针器等。
2. 经验准备：幼儿已熟练掌握穿针、引线、打结、刺绣的方法。

活动内容

幼儿在描好轮廓的纱网上用平针针法刺绣。先沿着轮廓刺绣，再将内部填充绣满。

活动过程

一、导入部分

1. 欣赏过年时的环境布置,说一说可以如何布置班级环境(贴福字、春联等)。
2. 回忆轮廓内部填充刺绣的方法:选择较窄的距离进行平针针法的刺绣(一上一下),从轮廓的某一边(一上)绣到另一边(一下)。一行绣完后接着绣邻近的一行,注意不能留空隙。

二、基本活动

1. 幼儿用穿针器穿好针线,进行刺绣:绣"福"字。
2. 教师巡回指导:先用一种颜色的线沿轮廓刺绣,完成后更换另一种颜色的线,将内部填充满。提醒幼儿正确使用针线,手捏针尾,不被刺伤手指。

三、结束部分

◆ 幼儿说一说自己是如何进行内部填充的,遇到了哪些问题,又是如何解决的。

活动延伸

绣"福"字可以结合节日、节气等换成其他相应文字。幼儿还可以继续绣年份的数字,装饰在教室。

活动附件

幼儿刺绣

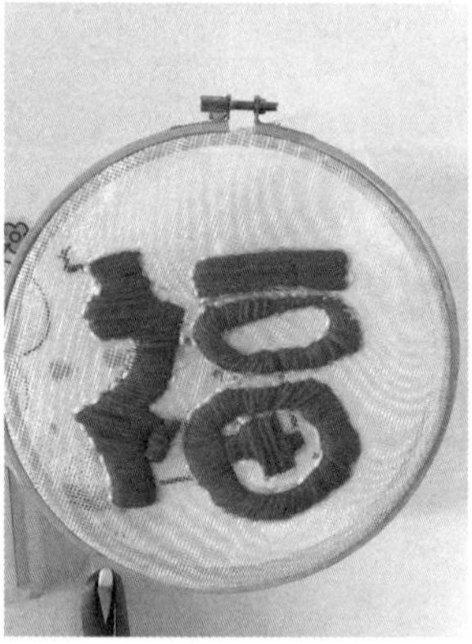

幼儿绣的"福"字作品

(作者:徐　心)

大班活动　小小鞋套

活动目标

1. 知道缝合的基本步骤,尝试简单的缝合方法。
2. 能够尝试无纺布的两两缝合和针线打结。

活动准备

1. 物质准备:无纺布(预先剪好鞋底面 1 块,画好实线,鞋侧面 2—3 块,画好虚线)、毛线针、彩色粗毛线若干。
2. 经验准备:幼儿有穿针引线、打结的经验;了解平针的刺绣针法。

活动内容

幼儿将自己裁剪好的鞋底和鞋面用针线两两缝合,制作成鞋套。

活动过程

一、导入部分

1. 幼儿欣赏裁剪好的鞋套的底面和鞋面。

◆ 师:小朋友们,这是你们剪好的鞋底和鞋面,你们准备怎么把鞋面和底面连接起来呢?

2. 回忆刺绣时的准备工作:设计图稿(布料上画好供裁剪的轮廓),选择毛线针和粗毛线,穿针引线。

二、基本活动

1. 幼儿根据自己喜好和水平挑选一种底板。(有椭圆形的简易版,也有脚底形的高难度版)
2. 幼儿根据鞋侧面的虚线和鞋底面的实线的位置,一一缝合,最后呈现半包围的鞋型。
3. 教师巡回指导:在缝合两个面的时候两手配合好握住两个相叠的面,再依次缝合;在每次缝合之后注意抽紧毛线;中途暂停游戏时注意把针戳在无纺布上,防止针遗失。

三、结束部分

1. 幼儿说说自己在缝合鞋底和鞋面的时候选的是怎样的针,怎样的线,并说出理由。

2. 幼儿说说自己的刺绣方法。

◆ 在把鞋底的边和鞋面的边缝合的时候，需要用到锁边绣的技巧，即把两个边牢牢地固定在一起，这样制作出来的鞋套才牢固。

3. 幼儿欣赏其他区域幼儿的作品。

活动附件

幼儿制作的鞋套作品

（作者：周　娜）

大班活动　立夏编蛋网

活动目标

1. 知道编蛋网的基本步骤，学会用打圈结的方法编蛋网。
2. 体验立夏挂蛋习俗的乐趣。

活动准备

1. 物质准备：粗线一根、两种颜色的细线若干根、剪刀、薯片罐（圆桶积木或水瓶等）、鸭蛋。
2. 经验准备：幼儿有打套结的经验。

活动内容

幼儿测量好相同长度的两种颜色的细线，把挂脖线（粗线）系在薯片罐上，两种颜色的细线间隔排列，用打套结的方法系在挂脖线上，并两两交错打圈结。

活动过程

一、导入部分

◆ 师：立夏到了，立夏有什么习俗呢？

◆ 师：你们知道怎么编蛋网吗？今天我们一起来编蛋网。

二、基本活动

1. 教师出示粗线与细线，说一说它们在编织蛋网中的不同作用：粗线是用来挂在脖子上的，避免勒痛脖子；两种颜色的细线是用来装蛋的。

2. 回忆打套结的方法。

◆ 两种颜色的细线一隔一对折排列在粗线上，间隔距离相等，约一个指节。两根线头从圆圈中穿出、收紧。

3. 幼儿学习打圈结的方法。

◆ 打圈结时需要注意左右两根线对齐一样长，两根线一起绕圈，线头从圈里穿出。单数排左右两种颜色的线打圈结，双数排左右一样颜色的线打圈结。

4. 最后用一根细线将所有线握在一起打死结固定。

三、结束部分

◆ 师：你在编织蛋网时遇到了什么困难，你是怎样解决的？（例如绳子长短不一样时及时找出哪里打圈结出现问题并重新调整）

活动延伸

1. 立夏时挂好蛋，一起饮茶，体验立夏习俗。

2. 在区域游戏中继续投放各色的线，制作渔网布置教室，进一步练习两两交错打圈结。

活动附件

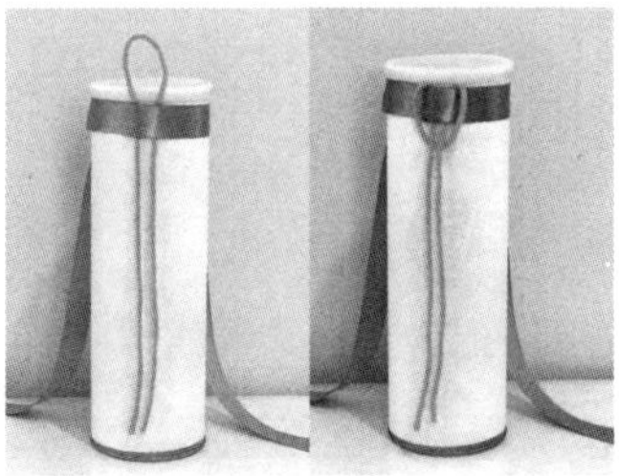

套结

圈结

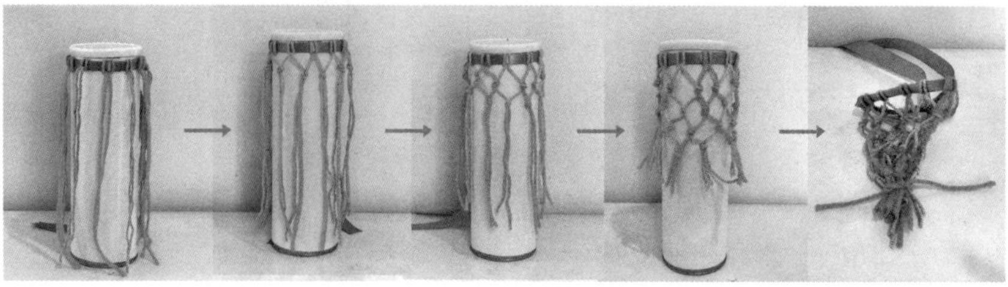

蛋网制作步骤图

幼儿蛋网成品

（作者：张洁来）

大班活动　美丽的旗袍

活动目标

1. 欣赏中国旗袍，初步了解旗袍色彩、款式、盘扣的特点，积极参与旗袍制作。
2. 在使用针、线、布料等物品时能够不浪费，能主动收纳整理物品。

活动准备

1. 物质准备。

★ 编织区：编织绳若干、盘扣制作步骤图。

★ 扎染区：白布、染料、夹子、皮筋、矿泉水瓶、尼龙绳。

★ 缝纫区：塑料娃娃 3 个、各色棉布若干、剪刀、记号笔、旗袍裁剪纸样。

★ 刺绣区：画有图案的布、传统纹样图片、记号笔、各色丝线、针、剪刀、穿针器。

★ 欣赏区：旗袍 2 件（不同款式）、旗袍相关视频。

2. 经验准备：幼儿欣赏过旗袍，并且有裁布、穿针、引线、打结的经验。

活动内容

部分幼儿进入，通过欣赏旗袍、制作盘扣、印染布料、刺绣图案、制作旗袍等，进一步了解中国旗袍在色彩、款式及制作方面的特点。

活动过程

一、导入部分

◆ 教师和幼儿一起回忆丝绸的由来和用途，知道丝绸可以用来制作旗袍，旗袍是中国代表性的服饰之一。教师引出自己动手制作旗袍的内容。

二、基本活动

1. 布艺坊分组活动。

(1) 编织区：做盘扣。

◆ 要求：边看盘扣制作步骤图边绕编织绳做盘扣，注意分清上下。

(2) 扎染区：扎染布料。

◆ 要求：能够利用多种材料，如尼龙绳、夹子、皮筋、各种大小的矿泉水瓶(带盖子)捆扎白布，捆扎好后进行扎染。

(3) 缝纫区：为娃娃做旗袍。

◆ 重点指导：用旗袍裁剪纸样在布料上拓印，裁剪布料，并进行缝合制作旗袍。

(4) 刺绣区：刺绣图案。

◆ 要求：根据传统纹样图片设计图案，选择各色丝线，穿针引线、打结，在画有图案的布上进行刺绣。

(5) 欣赏区：旗袍秀。

◆ 要求：仔细观察旗袍的款式、色彩等，认真观看视频，感受旗袍的美。

2. 教师巡回指导：指导幼儿根据纸样拓印、裁剪布料时注意分清旗袍的前后片，提醒幼儿拓印纸样时注意合理利用布料，不浪费；提供的裁剪纸样可用不同颜色的纸，帮助幼儿分清旗袍的前后片。

三、结束部分

◆ 幼儿说说自己为娃娃制作旗袍的过程，交流旗袍的特点：旗袍布料图案以传统纹样、色彩印染、图案刺绣为主，款式为右衽大襟的开襟或半开襟形式，立领盘扣。

活动延伸

1. 收集中国传统服饰的实物或图片，欣赏、观察、了解中国服饰的演变。

2. 为娃娃设计不同的服饰，并尝试制作。
3. 进行亲子旗袍秀。

（作者：蒋静雯）

• 布艺坊活动室外活动设计

小班活动　绕毛线

活动目标

1. 尝试练习绕的技能。
2. 乐意参与布艺坊活动。

活动准备

1. 物质准备：短积木、毛线球若干。
2. 经验准备：幼儿在布艺坊中已用收集的材料进行过装饰活动。

活动内容

幼儿尝试重复绕的动作，将一个毛线球的毛线绕至积木上，直至全部绕完。

活动要求

1. 绕毛线前帮助幼儿固定线头。
2. 绕的过程中提醒幼儿拉紧毛线，绕紧。
3. 提醒幼儿绕在积木中间段，不要缠住手指。

指导要点

重点帮助幼儿掌握绕的动作技巧。

活动延伸

1. 积木可换成其他自制底板，如胡萝卜、茄子等，让幼儿绕对应颜色的毛线。
2. 继续投放齿轮形、五角星形等底板，让幼儿尝试有规律地绕毛线。

（作者：徐　心）

小班活动　果蔬拓印

活动目标

1. 能尝试用植物在布上进行简单的拓印活动。
2. 知道用生活中的瓜果蔬菜进行加工创作。

活动准备

1. 物质准备：杨梅、向日葵花瓣、苋菜叶子等。
2. 经验准备：幼儿了解果蔬也可以进行创作。

活动内容

幼儿将瓜果蔬菜的横切面和竖切面蘸上颜料，进行拓印。

活动要求

1. 幼儿一起讨论怎样将切好的瓜果蔬菜拓印。
2. 交代拓印的方法和要领。（颜料涂均匀，拓印在纸上不要移动）
3. 探索不同瓜果蔬菜的拓印方法。

指导要点

1. 幼儿在拓印中的方法，是否将颜料涂均匀，按压后不移动。
2. 拓印时注意画面的布局。
3. 提醒幼儿安全拿放小刀，手不触碰刀刃。

活动延伸

在区域中继续投放时令新鲜果蔬，让孩子自由探索果蔬拓印。

活动附件

蔬菜切面

幼儿体验蔬菜拓印

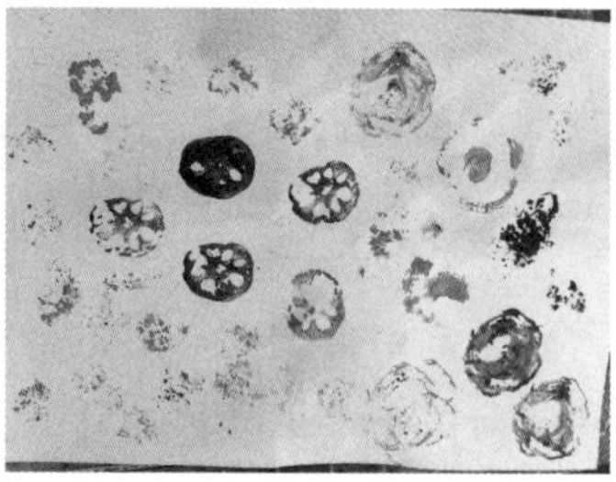
幼儿的蔬菜拓印作品

（作者：兰道丽）

小班活动　各种各样的布艺品

活动准备

1. 物质准备：展示布艺品的架子、桌子等。
2. 经验准备：幼儿收集过各类布艺品。

收集对象和内容

收集生活中的布艺品，用于不同的布艺装扮，感受生活中布艺品的多样性。

收集前谈话

1. 找一找家里有哪些物品是布做的。
2. 把找到的布艺品收集或者用拍照片的形式带到幼儿园。
3. 把自己带来的布艺品、照片等做好姓名标记。

收集后汇总、展示、交流和讨论

1. 说说你收集到的都是什么布艺品。
2. 按照布艺品的功能进行简单分类。
3. 将收集的布艺品布置成“布艺品展览会”，展示在走廊。
4. 原来布有这么多种类，能制作成布艺小包、围巾、服装等。我们能用这些布做什么呢？

5. 将收集的布投放在布艺坊中，供幼儿进行制作、扮演角色。

活动延伸

了解各种布艺品使用的不同布料，愿意使用这些布艺品进行游戏。

（作者：张馨韵）

中班活动　小裁缝收集布料

活动准备

1. 物质准备：展示布料的衣架。
2. 经验准备：幼儿收集过各类布料。

收集对象和内容

收集各种不同的布料，感受布料质地的多样性。

收集前谈话

1. 找一找家里的废旧布料，试一试哪些容易撕开，哪些不容易撕开。
2. 收集不同材质的布料，调查这些布料的名字。
3. 将收集到的不同布料做好姓名标记，带到幼儿园。

收集后汇总、展示、交流和讨论

1. 说说你收集到的都是什么布料，它们适合用来做什么。
2. 哪些布料容易撕开？哪些布料不容易撕开？
3. 布料按照易撕和不易撕分类摆放，特殊布料另外展示。

活动延伸

知道生活中常见的布料有麻布、棉布、丝绸等，愿意使用这些布料进行游戏。

（作者：张馨韵）

中班活动　丝绸博览会

活动目标

1. 知道丝绸的由来，收集各种丝绸制品。
2. 欣赏不同的丝绸制品，感受生活中处处都有丝绸制品。

活动准备

1. 物质准备：收集的各种丝绸制品，如眼罩、洗脸巾、服装、围巾、手袋、钱包、扇子、双面绣等。
2. 经验准备：幼儿有养蚕、缫丝的经验；参观过丝绸博物馆。

活动内容

幼儿布置、展示各种丝绸制品，进一步感受丝绸制品在生活中的使用。

活动过程

一、导入部分

◆ 教师和幼儿一起回忆丝绸的由来，激发幼儿了解各种丝绸制品的愿望。

二、基本活动

1. 展示、布置收集的各种丝绸制品，打造丝绸博览会。
2. 介绍展示的各种丝绸制品，说说它们的特征和用途。
3. 用各种丝绸制品装扮自己，进行丝绸时装秀。
4. 教师巡回指导：提醒幼儿遵守规则，轻声说话，轻拿轻放物品等。

三、结束部分

◆ 幼儿说一说令自己印象深刻的丝绸制品，并且知道丝绸可以做成各种物品，我们的生活中到处都有丝绸制品。

活动延伸

选取有代表性的丝绸制品，在教室一角中布置小型展览区；在角色游戏中增加丝绸服装店、小舞台丝绸服装秀等内容；收集、了解其他各种布料制品及其演变过程。

活动附件

幼儿欣赏丝绸制品——丝巾

幼儿欣赏丝绸制品——双面镜

(作者:蒋静雯)

中班活动　扎染分享会

活动目标

1. 知道简单的捆扎皮筋的方法,了解扎染的基本步骤。
2. 尝试在白布或T恤上捆扎皮筋进行扎染,并耐心地解决困难。

活动准备

1. 物质准备:白布或T恤、每人5—10个雪花片、5—10根皮筋、尼龙绳、矿泉水瓶(带盖子)、针、线、绣绷、布料。
2. 经验准备:幼儿有扎染经验。

活动内容

幼儿尝试使用雪花片、皮筋来捆扎白布或T恤,进行扎染。

活动过程

一、导入部分

◆ (幼儿欣赏哥哥姐姐的扎染作品)师:你们看看这是什么?上面有些什么图案?这些图案是怎么放上去的呢?

二、基本活动

1. 幼儿认识扎染材料。

◆ 师:你们看看这些是什么?你们知道怎么用吗?

2. 幼儿欣赏扎染视频,学习扎染方法。

◆ 师:扎染是怎么做的?今天的这些材料可以怎么用?

3. 教师示范。

◆ 方法一:用皮筋或雪花片在叠好的白布上捆扎。

◆ 方法二:用皮筋或雪花片直接在白布上捆扎。

4. 幼儿尝试扎染。

5. 教师巡回指导:提醒幼儿在扎染过程中避免揉眼,不用手直接去触摸染料。

三、结束部分

1. 幼儿说一说自己在扎染的时候选的在哪个位置进行捆扎,怎样去捆扎。

2. 幼儿分享自己的扎染方法。

活动附件

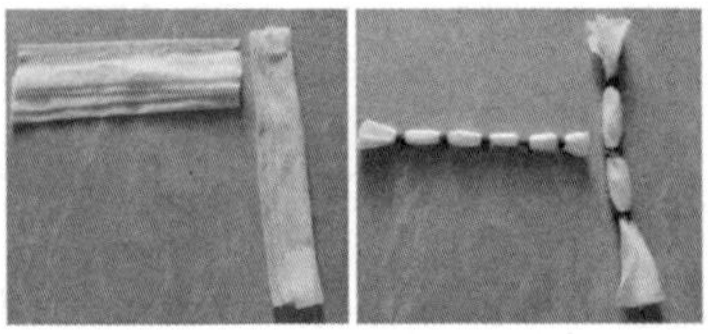

幼儿扎染过程 1

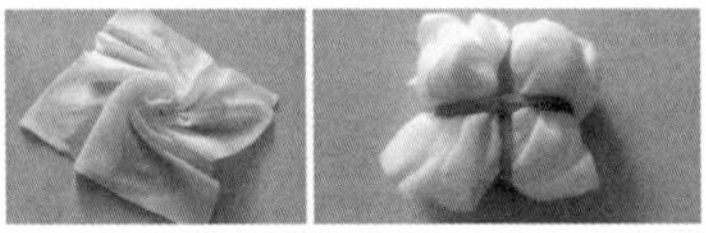

幼儿扎染过程 2

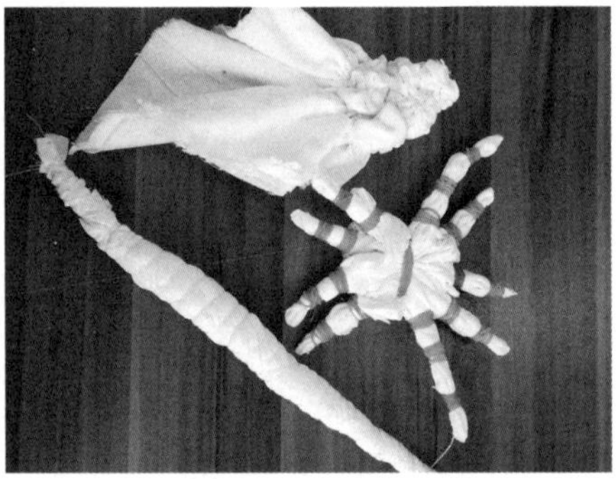

幼儿扎染过程 3

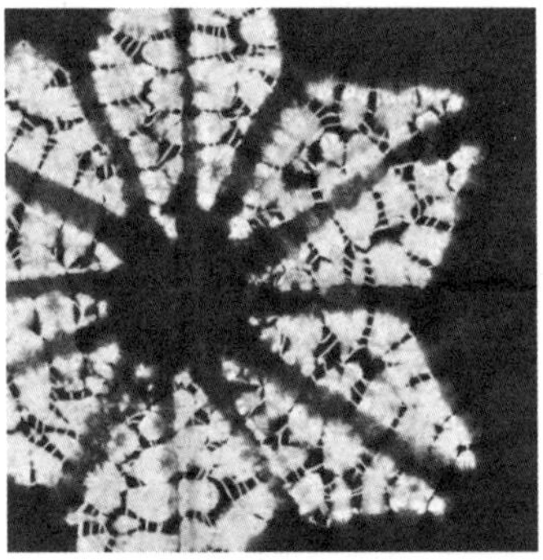

幼儿扎染成品 1

幼儿扎染成品 2

(作者:周　娜)

中班活动　参观苏州丝绸博物馆

活动准备

经验准备：幼儿简单了解蚕宝宝，知道蚕宝宝吐的丝可以做成丝绸。

参观对象和内容

参观苏州丝绸博物馆，欣赏各种丝绸制品上的图案、花纹等，了解丝绸的工艺、品种等相关内容。

参观前谈话

一、导入部分

◆ 教师交代参观地点，引发幼儿前往参观、了解的兴趣。

二、基本活动

1. 活动要求。

(1) 参观时认真听讲解员的介绍，跟好队伍。

(2) 注意丝绸制品的品种、色泽、图案、质感等；简单了解丝绸制品的生产过程。

2. 注意事项。

(1) 参观过程中跟紧队伍，不推搡。

(2) 和家长牵好手，不松开、不随意走动，不掉队。

(3) 参观时注意安静，不大声说话，不影响其他人。

参观后汇总和讨论

1. 幼儿说一说自己在丝绸博物馆看到了哪些丝绸制品。
2. 幼儿说一说丝绸的色泽、图案、质感。
3. 幼儿共同回忆丝绸的制作过程。

活动延伸

1. 了解苏州特色的丝绸，如宋锦、苏绣、缂丝。
2. 了解一些丝巾的系法。

活动附件

苏州丝绸博物馆

（作者：徐　心）

大班活动　小海狸缝围裙

活动目标

1. 了解小海狸制作围裙的过程，能用表情、动作、语言等方式表达自己的理解。
2. 仔细观察绘本画面，探索缝围裙时用到的工具、材料。

活动准备

1. 物质准备：《小海狸缝围裙》绘本、投影仪。
2. 经验准备：幼儿对布艺坊针、线、裁缝剪刀等工具和材料有所认识。

活动内容

阅读绘本《小海狸缝围裙》，了解有关裁布、制作围裙的方法。观察绘本画面，发现细节处小海狸所使用的工具以及步骤，并且能用语言等方式进行描述。

活动过程

一、导入部分

1. 教师出示《小海狸缝围裙》绘本封面，让幼儿猜一猜小海狸要做什么。

2. 幼儿观察绘本封面,看一看都有什么工具以及材料。

二、基本活动

1. 教师投影展示绘本:小海狸遇到了什么困难?

◆ 师:卡思托尔的围裙破破烂烂的,真郁闷! 如果你是小海狸的话,你接下来会怎么做呢? 小海狸做了哪些准备工作呢? 他可能需要什么工具呢?

2. 教师继续讲述故事。

◆ 师:围裙太长了怎么办? 如果你是小海狸你会怎么做呢?

3. 小海狸的 4 个缝纫小贴士。

(1) 先洗布料防止缩水。(为什么要先洗布料?)

(2) 布料先粗缝再用缝纫机缝。(为什么要缝两次?)

(3) 做口袋。(用什么方式缝? 为什么要这么缝?)

(4) 缝边角。(如何折?)

三、结束部分

1. 幼儿说出缝围裙的步骤。

2. 幼儿运用绘本中学到的缝围裙的方法,到布艺坊试一试。

活动延伸

1. 在区域中投放缝制过程的图片,引导幼儿复习巩固缝制的过程。

2. 提供缝制的基本工具,探索缝制工具的使用方法。

3. 引导幼儿在布艺坊中进行缝制活动的实践。

(作者:张馨韵)

大班活动　美丽的刺绣

活动目标

1. 了解刺绣的基本工具,欣赏刺绣工艺的美。

2. 尝试用动作、语言等表达自己对刺绣的理解。

活动准备

1. 物质准备:各种刺绣工艺品(如双面绣摆件、刺绣扇面、刺绣旗袍、刺绣手帕、刺绣画像等),幼儿简笔画稿、空白的绢扇、空白的手绢、绷架、针、线、剪刀、穿针器。

2. 经验准备:幼儿了解丝线、丝绸的来历,有缝纫的经验。

活动内容

幼儿欣赏各种刺绣制品,发现刺绣作品精致、生动的特点,说一说自己的感受,并尝试刺绣。

活动过程

一、导入部分

◆ 教师出示刺绣人像图,引导幼儿讨论是怎么“画”出来的,激发幼儿对刺绣的兴趣。

二、基本活动

1. 幼儿欣赏刺绣制品,说说自己的发现。

2. 幼儿观看刺绣工艺相关视频,了解工具、材料和简单的刺绣方法。

3. 幼儿尝试在扇面或手绢上进行刺绣。

4. 教师巡回指导:提醒幼儿注意用针安全。

三、结束部分

◆ 幼儿欣赏同伴的刺绣作品。

活动延伸

可邀请刺绣大师来园参与活动,鼓励幼儿提前准备自己的问题,现场与刺绣大师进行互动;收集、了解不同国家的刺绣工艺品,如十字绣、塞浦路斯手绣等。

活动附件

幼儿刺绣

(作者:蒋静雯)

大班活动　神奇的扎染

活动目标

1. 了解多样的扎染方法，能用语言表达出来。
2. 感受扎染图案的千变万化。

活动准备

1. 物质准备：扎染视频、图片。
2. 经验准备：幼儿已有简单捆、扎的扎染经验。

活动内容

幼儿回忆扎染经验，欣赏多种图案的扎染作品，了解新的扎染方式。

活动过程

一、导入部分

◆ 幼儿欣赏扎染作品，回忆自己的扎染经验：用什么材料进行捆扎、浸泡、晾干，出现了什么图案。

二、基本活动

1. 幼儿欣赏多种图案的扎染作品，用语言表达扎染作品给自己带来的感受。
2. 幼儿对比自己之前的扎染作品，观察扎染图案、颜色的不同。
3. 幼儿观看新的扎染过程视频，说一说扎染所需材料及过程。
4. 幼儿欣赏扎染的布所制作的物品。

三、结束部分

◆ 师：新的扎染方式有哪些？用到了哪些材料？可以把扎染的布做成什么？

活动延伸

在区域中投放视频中所呈现的扎染材料，尝试进行不同的捆扎方法，增加幼儿扎染的经验。

活动附件

扎染欣赏图 1

扎染欣赏图 2

（作者：张洁来）

大班活动　中国结

活动目标

1. 了解中国结编织的多样性。
2. 感受中国结的美和民间工艺的独特魅力。

活动准备

1. 物质准备：各种各样的中国结图片、中国结编织过程的视频、实物中国结。
2. 经验准备：幼儿感受过新年的热闹氛围。

活动内容

幼儿欣赏各种各样的中国结，用语言表达中国结的样式，了解编织中国结的步骤。

活动过程

一、导入部分

◆ 师：马上就要过新年了，你们家里会布置一些什么东西？（中国结）

二、基本活动

1. 幼儿欣赏中国结图片和实物时说一说中国结的外形特征，知道如意结、鱼形结、平安结、福字结，以及其代表的含义。

2. 幼儿在观看视频过程中了解不同中国结的打结方式。

3. 师幼共同将中国结布置在教室里。

三、结束部分

幼儿欣赏其他的编织装饰品。

活动延伸

幼儿尝试用编织中国结的线，进行简单的编织。

活动附件

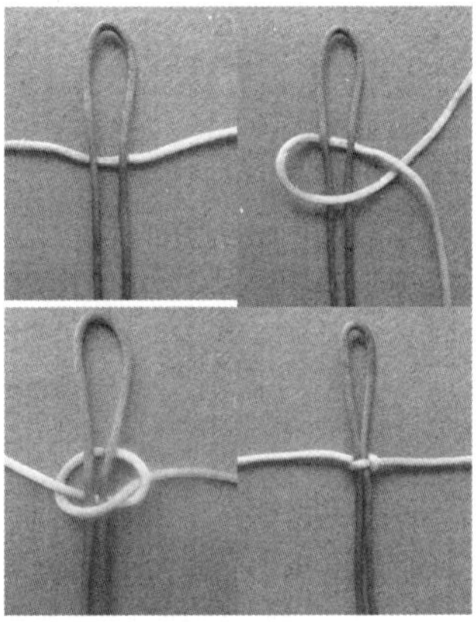

中国结的制作步骤

中国结

（作者：张洁来）

大班活动 参观苏州刺绣研究所

活动准备

经验准备：幼儿了解苏州刺绣是中国四大绣之一，有初步的刺绣经验。

参观对象和内容

参观苏州刺绣研究所，欣赏苏州刺绣的各种作品。

参观前谈话

一、导入部分

◆ 教师介绍参观地点，引发幼儿的参观兴趣。

二、基本活动

1. 参观要求。

(1) 认真听工作人员介绍苏州刺绣研究所的历史和刺绣作品。

(2) 了解双面绣和双面异绣的刺绣方法。

2. 注意事项。

◆ 参观时不掉队，遵守苏州刺绣研究所的参观规则。

参观后汇总和讨论

1. 在苏州刺绣研究所你看到了哪些刺绣作品？

2. 你最喜欢哪幅作品，为什么？

3. 你还知道哪些刺绣方法？

活动延伸

1. 针对一至两种刺绣方法进行欣赏、讨论、探究和实践。

2. 班级举办刺绣展。

活动附件

苏州刺绣研究所(艺术馆)

（作者：兰道丽）

大班活动　亲子旗袍秀

活动目标

1. 感受旗袍、盘扣的美，知道旗袍是我们国家的传统服饰，盘扣是我们民族服饰的特色。
2. 尝试在成人的帮助下，参与设计旗袍、盘扣。

活动准备

1. 物质准备：针、线、绣绷、布料、缝纫机，幼儿预先已经画好的旗袍设计图。
2. 经验准备：幼儿预先做过关于旗袍的调查，观看过身着旗袍的照片及穿旗袍走秀的视频。
3. 人员安排：提前联系会制作盘扣、使用缝纫机的家长，并邀请其来现场帮助幼儿制作盘扣。

活动内容

幼儿根据自己的旗袍设计图，在成人的帮助下合作完成一件旗袍。

活动过程

一、导入部分

1. 欣赏幼儿的旗袍设计图：谁来介绍自己设计的旗袍？
2. 师幼讨论：你想怎样装饰？
3. 家长志愿者介绍准备工作：旗袍设计图，裁剪正反面，选择针线，穿针引线，缝合。

二、基本活动

1. 引导幼儿注意正反面，裁剪并缝合，观察家长志愿者制作盘扣。
   (1) 先将纽头及扣子摆好位置，再进行缝合固定。
   (2) 将纽头翻折至正面，用手按住固定，缝合时针线穿过纽袢条向上大约二分之三的厚度，使纽袢不歪斜且具有立体感。
   (3) 缝合完成后，纽头须刚好露出门襟之外。扣袢缝合完成后，纽头须刚好能穿过扣袢。
2. 提醒幼儿和缝纫机保持安全距离。

三、结束部分

1. 幼儿分享自己在裁剪的时候需要注意哪些事情。

2. 家长志愿者介绍制作旗袍的步骤以及如何使用缝纫机。

活动附件

旗袍图 1

旗袍图 2

（作者：周　娜）

第四章　木工坊

木工坊为孩子提供了一个安全、科学的场所。幼儿在木工坊能大胆创造，用木头和真实的木工工具进行制作，这是对现实生活经验的模仿。基于此，我园结合幼儿兴趣与需要，定期开展木工坊活动。木工坊活动内容一般与幼儿主题内容、岁时节令、生活中常见木制品等多方面相结合。

一、创设背景

《指南》中指出，幼儿“能使用简单的劳动工具或用具”“能用多种工具、材料或不同的表现手法表达自己的感受和想象”“自己的事情自己做”。幼儿的学习与发展过程是其社会性不断完善并奠定健全人格基础的过程。因此在创设木工坊时，我们主要从幼儿的课程主题、日常生活、解决问题等方面进行规划。

1. 在生活化、游戏化游戏课程主题中生发

在我园开展的生活化、游戏化课程背景下，小班、中班和大班的许多主题都会涉及相关的木工活动，例如小班主题“我的幼儿园”中有关于玩木头玩具的内容，中班主题“生活用品”中有关于使用木工工具的内容，大班主题“植物”中有关于木工制作的内容等。主题中的活动激发了幼儿使用木工工具，进行木工活动的愿望。

2. 日常生活激发幼儿参与木工的兴趣

幼儿在日常生活中，更多地运用纸、橡皮泥、胶水等材料来表达自己的想法。在日常散步中，幼儿捡拾到了很多树枝，幼儿家里装修剩下了不少的装修木材，爸爸妈妈们把这些树枝木材都送到了幼儿园。于是面对各种各样的木头材料，老师用锯子和锤子制作出了木制作品。幼儿也想把这些小树枝、木头锯成自己想要做的木制作品，钉成小树、相框，创意表达自己的想法。幼儿对于运用木头、木工工具来大胆创意和表达产生了兴趣。

3. 生活问题引发幼儿动手解决的需要

班级里的小椅子坏了；种植园地里丝瓜生长没有爬藤架；兔子妈妈生宝宝了，想给它造个新房子……去哪里修，去哪里造呢？幼儿园里哪个教室有榔头、锯子、钉子这些工具

呢？如果有专门的教室可以让小朋友们自己来修修椅子、做做架子、造个小房子，自己的事情自己解决，那该多棒！于是，小朋友们带着问题开始在幼儿园里寻找适合他们操作的工作场所。

为了实现幼儿进行木工活动的愿望，让幼儿尽情创意和表达，并能亲手解决生活中的问题，满足幼儿使用各类木工工具进行木工操作，木工坊应运而生！

二、创设价值

《指南》倡导幼儿园要“重视幼儿的学习品质……要充分尊重和保护幼儿的好奇心和学习兴趣，帮助幼儿逐步养成积极主动、认真专注、不怕困难、敢于探究和尝试、乐于想象和创造等良好学习品质”。良好的学习品质可为幼儿的后继学习和终身发展奠定良好的基础。木工坊的创设，让幼儿获得了更大的发展。

1. 幼儿的木工创作是一个思维的过程

幼儿在木工坊进行木工创作，从前期的设计、规划到一步步选择材料和工具进行实践，循序渐进地不断解决问题，最终完成自己的木工作品、获得成功的体验，这都在无形中提高了幼儿的专注力、学习能力和思考能力。同时在木工活动中，幼儿学会了测量、比较、统计和记录，知道可以用数学的方法来解决生活中的许多问题。在木工作品的拼搭制作过程中，幼儿的空间感也有了进一步的提高。

2. 幼儿的大动作和精细动作得到了很大的发展

在制作木工作品的过程中，幼儿全身协调：用脚踩住木头，一手扶木头，一手用锯子使用全身的力气锯木头；使用起钉器起钉；一只手扶着钉子，另一只手拿着锤子，将钉子钉进画好标记的木头里，手眼协调地制作……这些操作都促进了幼儿动作的发展。

3. 幼儿的社会交往能力得到了提高

在木工坊的活动中，幼儿自主游戏，自由结伴，分工合作，共同游戏。幼儿经常与同伴共同完成作品，大家一起设计、选择材料，分工合作，彼此了解同伴的需要，互相帮助。在搭建房子的过程中，幼儿按意愿组建“工程队”，制订计划，收集材料，按照设计图有序地锯、钉、锤、打磨等等，共同完成木头房子的制作。

4. 幼儿能够发挥创意，大胆表现

木工坊活动给幼儿提供了大胆实现想法的机会。“宝贝旅行记”“虫儿大世界”等各个主题中，幼儿在木工坊用木头设计制作各种精致的飞机、汽车、小昆虫，大胆地用木质材料进行着创意表现。

三、创设目标

根据《指南》及《纲要》，并结合本园实际课程资源和幼儿年龄特点，我园制定了木工坊的活动目标。各年龄段目标的制定体现了持续、渐进的过程。

表 4-1　木工坊总目标及各年龄段目标

总目标	1. 了解木工坊的环境布局，认识木工坊的工具、材料，并学会工具材料的收纳、整理。 2. 能正确使用木工工具，知道安全操作工具。 3. 木工活动中，感知数、量及数量关系；形状与空间关系。 4. 能欣赏生活中各种木制用品以及各种木制工艺品，去感受和发现美。 5. 知道木工活动中合作的重要性，能与同伴分工合作，遇到困难能一起克服。
小班	1. 熟悉木工坊的环境布局，认识简单的木工工具，能说出工具的名称。 2. 知道护具的佩戴方法，了解安全使用木工工具的要求，在成人的支持下尝试使用工具。 3. 能欣赏各种木制工艺品，对木工活动有初步的兴趣。
中班	1. 喜欢欣赏生活中的木工作品，愿意探索作品的构造和制作方法。 2. 能正确佩戴护具，遵守活动规则，注意活动安全。 3. 能正确使用锯子、榔头等木工工具，运用锯和钉的技能，制作结构简单的木制作品。 4. 能专注、持续地参与活动，乐意分享制作过程和活动感受。 5. 能按标记有序取放、整理各种工具与材料，保持环境整洁。
大班	1. 知道木工坊各种工具的用途，能为制作活动选择适当的工具，并熟练、安全地使用。 2. 遵守木工活动的规则，活动结束后及时收纳整理。 3. 能通过观察、比较与分析，发现材料的排列、组合与空间、数量之间的关系。 4. 喜欢欣赏各种木制工艺品，能与同伴分享、交流自己的体验。 5. 能根据自己生活、游戏中的需要，主动发起木工活动。 6. 能与同伴一起选择材料、讨论制作方法并分工合作完成木工作品，遇到困难一起想办法解决。

四、环境设置

在木工坊中，我们为幼儿提供了一个安全、科学的，符合儿童年龄特点的木工活动环境。木工坊以原木色为基调，营造出自然的氛围。功能区分明确，如工具墙（使用和展示）、材料收集区、作品陈设区、操作区、休息区等。墙上张贴木工坊活动规则。木工坊的环境分为室内和室外走廊。

表 4-2 木工坊各区材料及环境

室内	
工具摆放区： 此区域的工具在颜色、尺寸、性能上都是符合儿童的使用需求的。矮柜中的木工工具方便幼儿取用，高架子上面摆放的是成人用的工具。工具都以敞开式摆放，丰富了幼儿对于木工工具的了解。 具体材料： 1. 木工围裙　2. 锯子　3. 胶枪　4. 水平尺等各类尺子　5. 木工刨　6. 打孔器　7. 圆木片　8. 起钉器　9. 麻绳　10. 白胶	 
未完成作品区	
作品陈设区	
操作区： 1. 桌钳 2. 分类盒(各种尺寸的钉子) 3. 记号笔 4. 尺子 5. 桌子 6. 条凳	
室外走廊	
木工坊活动规则： 师幼共同讨论活动规则，用图加文的形式呈现	

续表

材料收集区： 各种尺寸的木头及辅助物等	 
幼儿工具箱： 人手一个工具箱(工具箱里有手套、护目镜、木工围裙、磨砂块、榔头)	 
墙面环境： 1. 幼儿作品 2. 幼儿工具展示 3. 成人工具展示	  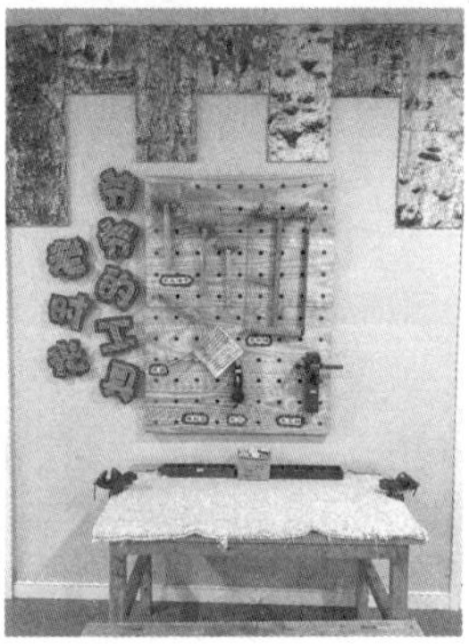
操作区： 1. 桌子 2. 椅子	
休息区： 1. 幼儿作品 2. 关于木工的绘本、图书 3. 长椅 4. 架子(摆放水壶)	

五、活动方案

（一）活动例举

• 木工坊活动室内活动例举

表 4－3　木工坊活动室内活动例举

活动名称	年龄段	活动来源	时长	组织形式			选择区域			说明
				小组	部分	整体	单区	整区	全部	
参观木工坊	小班	生活活动“我上幼儿园”	1 小时			√			√	
木工爷爷	小班	日常谈话活动“我的小椅子坏了”	1 小时			√			√	家长当老师
小水桶	小班	主题活动“好玩的水”	1 小时			√			√	
我是小木匠	中班	生活活动“小板凳坏了”	1.5 小时			√			√	
钉板画	中班	主题活动“春天”	1.5 小时			√			√	
制作“小松树”	中班	主题活动“过冬”	1.5 小时			√			√	
小小社区微景观	中班	主题活动“我住的地方”	1.5 小时			√			√	
小飞机	大班	主题活动“宝贝旅行记”	1.5 小时			√			√	
“好朋友”手拉手	大班	主题活动“朋友”	1.5 小时			√			√	
做书立	大班	主题活动“我喜欢看书”	1.5 小时			√			√	
毕业相框	大班	主题活动“我上小学了”	1.5 小时			√			√	
搭丝瓜架子	大班	种植活动“种植丝瓜”	1.5 小时			√			√	
造小木房子	大班	饲养活动“为小鸡造房子”	1.5 小时			√			√	

• 木工坊活动室外活动例举

表 4-4 木工坊活动室外活动例举

活动名称	年龄段	活动来源	与公用活动室活动时间关系	活动类型						说明(亲子活动、大带小等在该列标明)
				集体	区域	生活	游戏	实践	其他	
玩玩木头玩具	小班	生活活动“我上幼儿园”	前置		√					
试试小锤子	小班	公用活动室活动“参观木工坊”	前置		√					
鸭子游泳	小班	主题活动“好玩的水”	前置		√					
大树几岁了	中班	主题活动“春天的电话”	前置	√						
收集木制品	中班	主题活动“生活广场”	前置	√						
树木大变身	中班	生活活动“修树枝”	前置	√						
刨花	中班	公用活动室活动“小小社区微景观”	后延		√					
家具的由来	大班	生活活动“我家的家居”	前置	√						
一起做风铃	大班	生活活动“好看的风铃”	后延	√						亲子活动
小木船	大班	主题活动“宝贝旅行记”	后延	√						亲子活动
铅笔木屑画	大班	主题活动“我上小学了”	后延		√					
竹房子	大班	主题活动“我家周围的房子”	后延		√					
草房子	大班	主题活动“我家周围的房子”	后延		√					

(二)活动设计

• 木工坊活动室内活动设计

小班活动 参观木工坊

活动目标

1. 熟悉木工坊的环境布局,认识简单的木工工具,能说出工具的名称。
2. 了解安全使用木工工具的要求,共同制定木工坊公约。

活动准备

1. 物质准备:工具箱(工具箱中有一副手套、一副护目镜、一件木工围裙、一块磨砂块、一把榔头)若干个,各种工具及钉子的图片,提前准备好的电脑。
2. 经验准备:幼儿通过图片、视频简单了解过幼儿园木工坊的游戏内容;知道幼儿园的木工坊所处的位置。

活动内容

幼儿观看中大班幼儿的木工视频,通过操作工具与同伴交流感受,最后与教师共同制定木工坊公约。

活动过程

一、导入部分

◆ 师:二楼总是传来敲敲打打的声音,哥哥姐姐们在做什么呢?

二、基本活动

1. 教师在电脑上展示各种木工工具以及钉子的图片,强调各种工具的名称以及使用方法后,幼儿进行观察、操作。
2. 教师再次强调木工坊需要注意的事项,共同制定班级公约。教师引导幼儿正确穿戴护具,注意安全正确使用工具,游戏后及时收纳整理。
3. 教师记录幼儿表达的内容。
4. 教师将共同制定的内容简单概括并与幼儿一起总结。

三、结束部分

幼儿整理好木工坊工具并关灯离开。

活动延伸

幼儿在区域游戏中学习穿戴护具以及手套,尝试使用工具。

活动附件

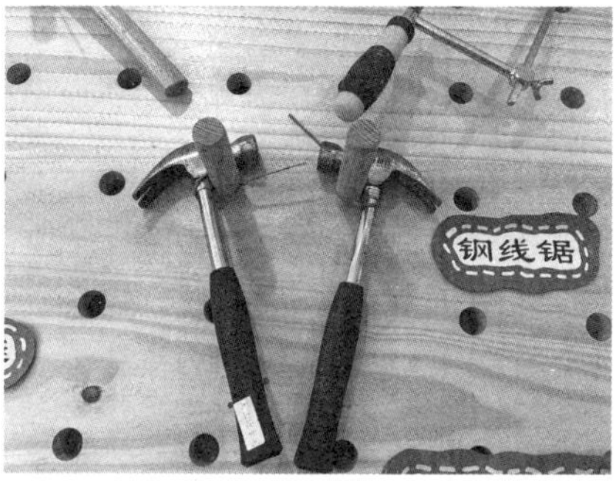

钢线锯

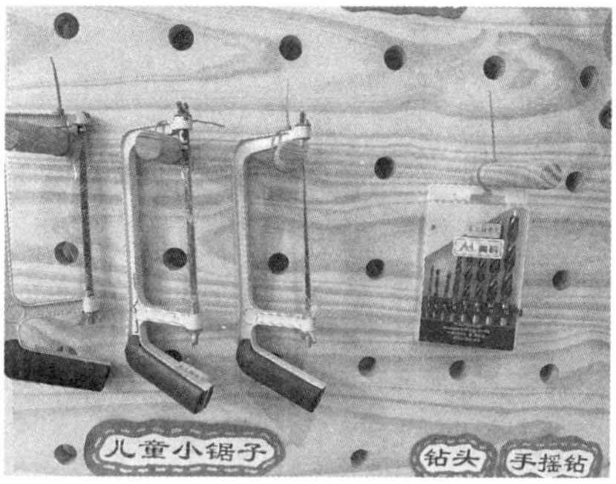

儿童小锯子

(作者:陶健怡)

小班活动　木工爷爷

活动目标

1. 认识木工爷爷带来的木工工具,初步了解工具的作用。
2. 喜欢木工爷爷制作的木工制品,萌发制作木工的兴趣。

活动准备

1. 物质准备:木条若干、锯子、刨刀、锤子、卷尺、木工凿、各种钉子。
2. 经验准备:幼儿熟悉木工坊环境,认识木工坊简单的木工工具。

活动内容

幼儿整班参与,观看木工爷爷使用锤子等工具修理小椅子,认识木工坊常见的各类工具。

活动过程

一、导入部分

◆ 师:小朋友们,今天,木工坊里来了一位客人,他的本领可大了,会做很多木工家具,大家都喊他木工爷爷,我们一起来认识一下他!

◆ 师:你们认识木工爷爷带来的这些工具吗?猜一猜,它们都有什么用?

二、基本活动

1. 木工爷爷展示、介绍带来的木工工具：锯子、刨刀、锤子、卷尺、木工凿等。
2. 幼儿观看木工爷爷用专业工具修补小椅子，尝试帮助木工爷爷找到需要使用的工具。
3. 幼儿观察爷爷修好的小椅子，说说爷爷用到了哪些工具，分别有什么用。例如锤子可以把钉子敲进木头里进行固定组合；卷尺可以测量所需木头的长度；锯子可以把木头锯断获得适合长度的木料；木工凿可以在木头上雕刻、塑形。

三、结束部分

◆ 幼儿欣赏爷爷制作带来的其他木工制品，说说自己的感受。

活动延伸

1. 亲子小调查“我家里的木工制品”，认识各种木工制品，了解其用途和使用方法。
2. 请木工爷爷介绍木工工具的安全使用注意事项，学会如何在木工坊活动中保护自己，避免受伤。

活动附件

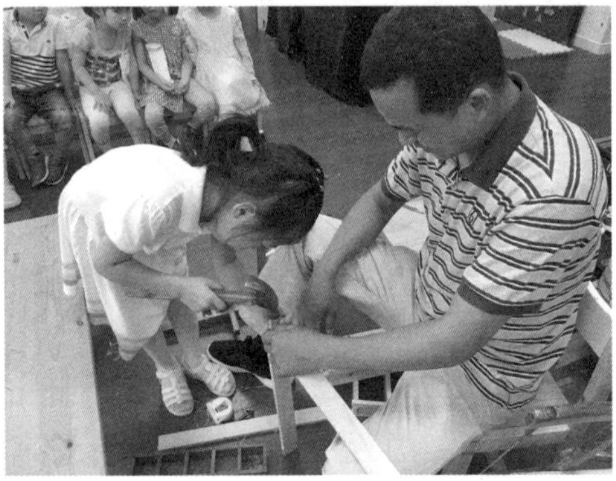

幼儿尝试制作木工制品

（作者：凌凤琦）

小班活动　小水桶

活动目标

1. 尝试测量截取等距的木条，粘贴制作成小水桶。
2. 对木工活动有初步的兴趣。

活动准备

1. 物质准备：小水桶成品、一次性木条若干、薯片桶对半切开、纳米胶带、固定长度的自然测量工具（如麻绳）。
2. 经验准备：幼儿了解安全使用木工工具的要求，会使用纸条、麻绳等进行自然测量。

活动内容

教师帮助幼儿了解小水桶的主要结构，熟悉材料，尝试制作小水桶。

活动过程

一、导入部分

◆ 师：（出示小水桶）今天老师为大家带来了一个小水桶，仔细看一看，小水桶是用哪些材料制作的？（木条、薯片桶底座）

二、基本活动

1. 讨论小水桶的制作步骤：首先使用自然工具测量木条长度，并在木条上做标记，其次使用锯子在标记处锯开，最后将锯好的木条有规律地粘贴在薯片桶底座上。
2. 使用麻绳等自然测量工具对木条进行测量，并锯成相同长度的木条若干。
3. 将锯下的木条用胶带按规律竖直粘贴在薯片桶底座上。
4. 教师巡回指导：重点指导幼儿正确使用锯子，注意安全。

三、结束部分

◆ 幼儿欣赏、分享作品，交流制作经验。

活动延伸

在完成小水桶结构的基础上增添颜色、装饰物等。

活动附件

幼儿作品：小水桶

（作者：王依宁）

中班活动　我是小木匠

活动目标

1. 认识锯子、榔头等木工工具，知道锯和钉的正确方法。
2. 乐于参与锯和钉的活动，分享参与木工活动的感受。

活动准备

1. 物质准备：锯子、榔头、钉子、泡沫条、木条、手套、护目镜、围裙。
2. 经验准备：幼儿阅读过绘本《小海狸做木工》，参观过幼儿园木工坊，知道木工坊的位置，认识常见的木工工具。

活动内容

幼儿认识木工坊里的木工工具，如锯子、榔头、钉子，学习正确使用木工工具的方法，学做小木匠。

活动过程

一、导入部分

◆ 师：我们一起看了绘本《小海狸做木工》，今天我们也一起去木工坊做小木工吧！

二、基本活动

1. 教师帮助幼儿有序穿戴护具，整理工具箱。
2. 教师出示锯子、榔头和钉子，介绍并示范锯子、榔头、钉子的正确使用方法。
3. 幼儿自由选择使用锯子锯一锯泡沫条、木条；用榔头敲钉子。
4. 教师巡回指导。

◆ 教师提醒幼儿使用锯子时注意安全，可将木条一半放在椅子上，一半腾空，左脚踩住木条，左手同侧按住木条，右手拿锯子锯。也可将木条夹在桌钳上拿锯子锯。

◆ 教师提醒幼儿用榔头钉钉子时注意安全，右手拿住榔头木柄的中间，将榔头一下一下稳稳地敲在钉子上。一开始要用左手稳定好钉子（戴好手套），在钉子稳定之后，再用榔头将钉子完整地敲进去。薄板用短钉子，厚板用长钉子。

三、结束部分

◆ 教师鼓励幼儿分享正确使用锯子、榔头、钉子的方法和感受。

活动延伸

1. 提供 KT 板、珍珠棉、松木板等其他材料，让幼儿继续用锯子锯一锯。
2. 提供松木板、复合板等其他密度的木板，让幼儿钉一钉。

活动附件

幼儿用锯子锯泡沫板

（作者：陈梦丽）

中班活动　钉板画

活动目标

1. 正确使用榔头，用钉钉子的技能，完成钉板画作品。
2. 喜欢欣赏钉板画作品，大胆创作钉板画。

活动准备

1. 物质准备：20 厘米×20 厘米正方形木板、记号笔、榔头、钉子。
2. 经验准备：幼儿会用榔头钉钉子、欣赏过钉板画作品。

活动内容

幼儿设计自己的钉板画图，用榔头将钉子钉在绘画好的图案轮廓上，完成钉板画的钉钉子部分。

活动过程

一、导入部分

◆ 师：春天到了，你喜欢春天的哪些景色呢？今天我们要到木工坊去用钉子来钉一幅关于春天的钉板画。

二、基本活动

1. 幼儿了解钉板画的制作过程：先设计好图案，再钉钉子，最后绕上毛线。

2. 幼儿设计钉板画。

◆ 师：你可以绘画喜欢的春天的树。

3. 幼儿制作钉板画，教师巡回指导。

(1) 注意工具的安全使用。

(2) 可以用记号笔在钉钉子的位置做标记，钉子与钉子之间的距离要控制好。

三、结束部分

1. 幼儿互相欣赏钉板画作品。

2. 幼儿交流分享钉板画制作时的发现与感受。

活动延伸

1. 建议本活动分次连续进行，幼儿一次完成全部作品的难度较大，可以等到下次活动时再继续未完成的部分，鼓励幼儿坚持将作品完成。

2. 钉板画的钉钉子部分完成后，可以在布艺坊进行绕毛线活动，锻炼幼儿的精细动作发展，将钉板画完成得更有艺术性。

活动附件

幼儿在做钉板画

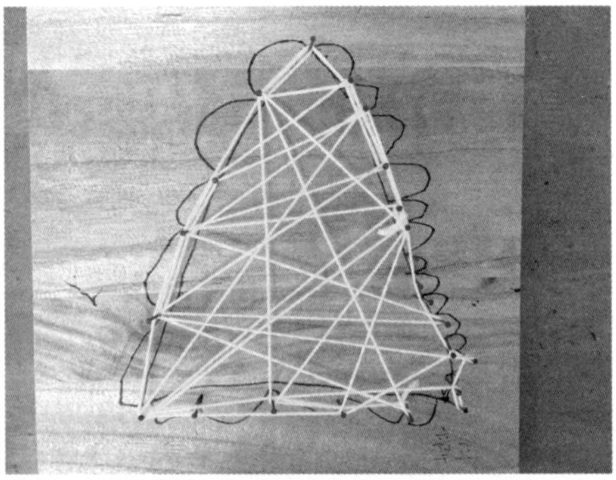

钉板画

（作者：张馨韵）

中班活动　制作“小松树”

活动目标

1. 了解松树的外形与主要结构，积极探索“小松树”的制作方法。
2. 初步运用测量、锯、钉的方法制作“小松树”。
3. 能专注、持续地制作“小松树”，乐意介绍自己的作品。

活动准备

1. 物质准备：长木条（长约 40 厘米）、锯子、锤子、钉子、记号笔、直尺（长约 15 厘米）、用于自然物测量的小树枝（长约 4 厘米）。
2. 经验准备：幼儿会用锯子、锤子，观察过松树。

活动内容

幼儿了解松树的外形与主要结构，运用测量、锯木条的方法，锯下“树干”“树枝”，将“树枝”横向排列在“树干”上，钉成宝塔形状的“小松树”。

活动过程

一、导入部分

◆ 教师出示松树图片，幼儿认识松树的外形与主要结构。

◆ 师：你知道松树是什么形状的吗？由哪些部分组成？我们一起来做小松树吧！

二、基本活动

1. 讨论如何使用材料、工具。

◆ 师：老师准备了直尺和小树枝，你觉得怎样通过测量木条来做“树干”和“树枝”？

2. 了解“小松树”的制作方法。

（1）用直尺测量木条，锯下一根与直尺等长的木条作为“树干”。

（2）用小树枝测量木条，锯下 3—4 根逐一增长的短木条作为“树枝”。测量时“树枝”的一端对齐木条的顶端，另一端逐一增长幼儿一根手指的长度（约 4 厘米）。

（3）将“树枝”用锤子钉在“树干”上。“树枝”按从上到下、由短到长的顺序，横向间隔地敲钉，表现宝塔形“树冠”。

3. 幼儿制作“小松树”，教师巡回指导。

(1) 指导幼儿正确使用直尺、自然物测量。

(2) 提醒幼儿使用锯子、锤子时注意安全。

三、结束部分

◆ 教师引导幼儿相互欣赏"小松树"的作品，分享制作中的发现与感受。

活动延伸

幼儿在木工坊制作"小松树"后，可为它增添颜色、装饰物。幼儿还可根据不同树种，设计不同造型的树，制作新年树等。

活动附件

幼儿合作锯树干

幼儿作品：小松树

（作者：何　丹）

中班活动　小小社区微景观

活动目标

1. 根据设计图制作社区微景观，愿意与同伴分工合作。
2. 正确使用锯子、榔头等工具，制作结构简单的木工作品。

活动准备

1. 物质准备：木条、木块、圆木片、雪糕棒、彩色卡纸、胶带、蜡笔、树枝(长约 6 厘米)、直尺(长约 15 厘米)、社区景观底板(约 1 平方米硬纸板)、制作物件粘贴图示、记号笔、分组牌、人手一张姓名贴等。
2. 经验准备：幼儿参观过幼儿园周边社区，设计出"小小社区微景观"图。

活动内容

幼儿根据社区微景观设计内容，分组制作木头小花、小树、栅栏、小房子、小桥、小人偶等，并按设计图粘贴到社区景观底板上。

活动过程

一、导入部分

◆ 教师出示“小小社区微景观”图。

◆ 师：设计图上哪些东西适合在木工坊用木料做呢？

二、基本活动

1. 粘贴、记录并展示在木工坊制作的物件、大小比例图示。

(1) 木头小花、小人偶、栅栏的高度用树枝测量（约 6 厘米）。

(2) 小树的高度用雪糕棒测量（约 8 厘米）。

(3) 小房子、小桥的高度均用直尺或雪糕棒测量（8—15 厘米）。

2. 幼儿分组选择制作内容，并在分组牌上贴上姓名，投放到工作区。

3. 根据制作内容选择合适的材料，小组一起分工合作。

4. 幼儿制作，教师巡回指导。

(1) 提醒幼儿正确使用直尺、树枝等自然物测量，并用记号笔做好标记。

(2) 提醒幼儿使用木工工具时，注意安全。

三、结束部分

1. 幼儿分组相互欣赏不同的作品，分享制作中的发现与感受。

2. 幼儿将完成的木工作品按照图纸设计粘贴到社区景观底板上。

活动延伸

对于小花、小树的制作，可在完成木架构基础上，剪贴彩色卡纸来进行装饰。马路、池塘、动物、汽车等，可结合美术室、布艺坊等公用活动室活动，运用其他材料进行制作。

（作者：何　丹）

大班活动　小飞机

活动目标

1. 了解飞机的结构，利用木条、木片、木棍等材料进行组合，制作飞机。

2. 灵活使用榔头钉钉子，进行材料间的连接和加固。

3. 积极介绍自己的作品，体验制作飞机的成就感。

活动准备

1. 物质准备：长短粗细不同的木条和木棍，大小厚薄不同的圆木片，彩色记号笔，锯子，钉子，锤子，起钉器，自然测量物（木条、直尺、铅笔、纸条等），飞机模型。

2. 经验准备：幼儿有乘坐飞机的经历，看过飞机图片、视频。

活动内容

幼儿用自然物进行测量，再用锯子锯出机身、机翼、机尾等所需的长短不同的木条，钉成飞机主体架构，用小木棍、小木片等进行添加，制作夜灯、滑轮、射击炮等小部件，并用彩色记号笔进行外观装饰。

活动过程

一、导入部分

1. 幼儿回忆乘坐飞机所见。

2. 教师出示“飞机模型”，激发幼儿制作创意小飞机的兴趣。

二、基本活动

1. 教师重点提示木工坊活动安全事项，幼儿有序穿戴护具并准备材料和工具。

2. 幼儿使用自然物进行测量，用直尺和记号笔做标记，锯出长度适宜的木条。

（1）创意拼搭组合木条制作飞机主体结构。

（2）创意添加飞机小部件（夜灯、滑轮、螺旋桨、射击炮等）。

（3）用彩色记号笔装饰飞机外观。

三、结束部分

◆ 幼儿欣赏创意飞机，分享制作飞机过程中的发现与感受。

活动延伸

1. 本活动建议连续开展三次。可以用其他自然物进行粘贴、装饰。

2. 在角色游戏活动中，幼儿可为手工坊制作挂物架。

活动附件

幼儿作品:木飞机

(作者:张陶然)

大班活动 “好朋友”手拉手

活动目标

1. 了解木头人的身体组成部分,能选用适合的材料、工具制作木头小人。
2. 学习运用自然物进行测量。
3. 愿意在集体面前介绍自己的“好朋友”作品,感受朋友之间的深厚情谊。

活动准备

1. 物质准备:好朋友设计图、圆木片、粗细和长宽不等的木料若干、锯子、钻孔器、小榔头、砂布、钉子、记号笔、雪糕棒、小树枝。
2. 经验准备:幼儿对人体的结构有一定的了解,知道人体可分为头、颈(脖子)、躯干、四肢四个部分。

活动内容

幼儿能自主选择各种木料,选择适合的工具,通过锯、磨、钻孔等方法,并能运用自然物进行测量,完成木头小人“好朋友”的制作。

活动过程

一、导入部分

◆ 教师出示幼儿绘画的好朋友设计图。

◆ 师:上一节课小朋友都把自己的“好朋友”画了下来。谁来介绍一下你的画,介绍一下你的"好朋友"？他有什么特点？

二、基本活动

1. 教师引导幼儿能根据设计图中"好朋友"的特点，如高矮、胖瘦等，在材料筐中选出合适的木料，用于制作好朋友的头、颈、身体、手和腿。

2. 教师引导幼儿运用自然物测量，制作相同长度的两条手臂和腿。

(1) 引导幼儿运用雪糕棒、小树枝等自然物进行测量，提醒幼儿注意测量时要一端对齐。

(2) 鼓励幼儿在测量后用记号笔做标记，再使用锯子锯出相同长度的手臂和腿。

3. 教师鼓励幼儿尝试钻孔、钉钉子等方法，制作可以活动的双臂，让"好朋友"可以"手拉手"。

4. 幼儿制作木头小人，教师巡回指导。

(1) 提醒幼儿正确使用工具并注意安全。

(2) 鼓励幼儿不怕困难，相互合作，共同完成木工作品。

三、结束部分

1. 幼儿集体欣赏木头小人作品，说说自己最喜欢哪个，为什么。

2. 请部分幼儿说一说，自己是怎么制作木头小人的。

3. 鼓励幼儿交流制作"好朋友"时遇到的困难，以及解决的方法。

活动延伸

将制作完成的"好朋友"在美工区进行添画，给"好朋友"画上五官和衣服、鞋帽等，并将作品装饰在班级环境中。

活动附件

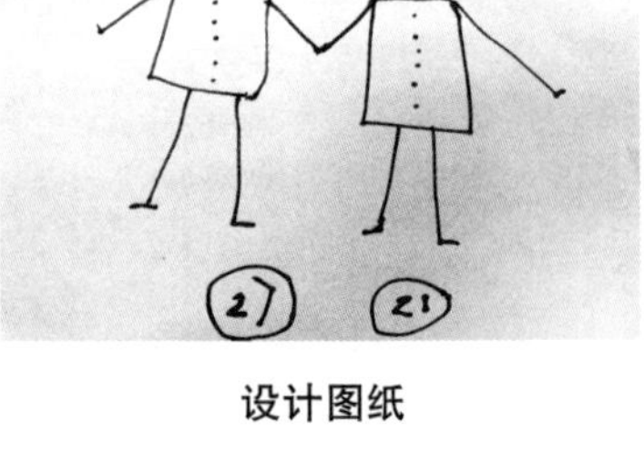

设计图纸

木工作品："好朋友"

木工作品："好朋友"

（作者：凌凤琦）

大班活动　做书立

活动目标

1. 能根据班级图书馆的需要，绘制、介绍自己的书立设计图。
2. 能与同伴一起选择材料、讨论制作方法，尝试根据设计图制作书立。

活动准备

1. 物质准备：白纸、笔、各种自然物测量工具（如笔、木条、篮子等），厚薄不一的图书若干，直尺，锯子，钉子，锤子，木块，木条。
2. 经验准备：幼儿有测量的经验，观察过书立的结构。

活动内容

幼儿根据实际测量结果，绘制书立设计图，并与同伴讨论、选择适宜的材料制作书立。

活动过程

一、导入部分

◆ 师：如何让班级图书角中图书摆放得更整齐？取放更方便？如何激发幼儿自己动手设计、制作书立的兴趣？

二、基本活动

1. 出示幼儿测量书柜的结果，思考、绘制书立设计图。
2. 介绍自己的设计图及所需材料。
3. 回顾木工坊活动规则，有序穿戴护具，准备材料和工具。
4. 分组合作，根据图纸，选择适宜的材料进行制作。
5. 教师巡回指导。

(1) 提醒幼儿测量时可以根据需要在木条上做好标记再锯。

(2) 提醒幼儿根据测量结果选择相应长度、厚薄的木块进行制作。

(3) 提醒幼儿选择适宜的材料和方法固定木块。

(4) 提醒幼儿可以用各种图书试一试书立是否牢固。

三、结束部分

1. 欣赏幼儿作品，请幼儿说说自己制作的过程中遇到的问题以及是如何解决的。
2. 将书立放置于班级图书角中使用。

活动延伸

1. 一段时间后可让幼儿说说使用自制书立的感受，讨论改进的方法，在木工坊活动中继续改进制作。
2. 区域游戏中可提供看图纸拼搭、制作的相应活动材料；可鼓励幼儿根据需要设计、制作物品，如笔筒、收纳盒等，并投放在教室里使用。

活动附件

幼儿自制立书

（作者：蒋静雯）

大班活动　毕业相框

活动目标

1. 了解相框的结构，组合木条制作自己喜欢的相框。
2. 初步学习使用学生尺进行测量。
3. 乐意介绍自己的作品，体验制作相框的成就感。

活动准备

1. 物质准备：长木条，记号笔，锯子，钉子，榔头，学生尺，小装饰品（如贝壳、小木片、麻绳),幼儿毕业照片。

2. 幼儿经验准备:幼儿欣赏过各种形状的相框,已有使用榔头、钉子、钉木条的经验。

活动内容

幼儿学习使用学生尺,确定自己的相框大小,确定木条的长度,锯出适宜的木条。最后用木条制作相框并装饰,贴上毕业照。

活动过程

一、导入部分

◆ 教师出示幼儿毕业照片(毕业照片放在各种相框里)。

◆ 师:我们的毕业照片拍好了,要是装进漂亮的相框里,照片就更好看了,今天我们一起来为我们的毕业照片制作相框吧!

二、基本活动

1. 教师介绍工具:认识学生尺。

◆ 教师出示学生尺,介绍学生尺上的刻度及使用方法。

2. 教师介绍制作相框的方法。

(1) 鼓励幼儿用学生尺测量。测量时,尺的一端要对齐木头,看尺上面的刻度,确定适合的长度,用记号笔在木条上画线做记号。

(2) 鼓励幼儿用锯子将测量好的木条,沿黑线锯出适宜的长度。将木条组合成自己喜欢的相框,用榔头钉钉子将相框钉起来(方形、三角形、多边形等)。

(3) 装饰相框,贴上幼儿毕业照片。

3. 幼儿制作相框,教师巡回指导。

(1) 提醒幼儿正确使用学生尺。

(2) 提醒幼儿使用木工工具时,注意安全。

4. 幼儿用小装饰品装饰自己的相框。

三、结束部分

◆ 鼓励幼儿互相欣赏毕业相框并分享自己在制作相框过程中的发现与感受。

活动延伸

1. 本活动建议连续开展两次。

2. 在种植活动中,还可为爬藤植物定制爬藤框架。

活动附件

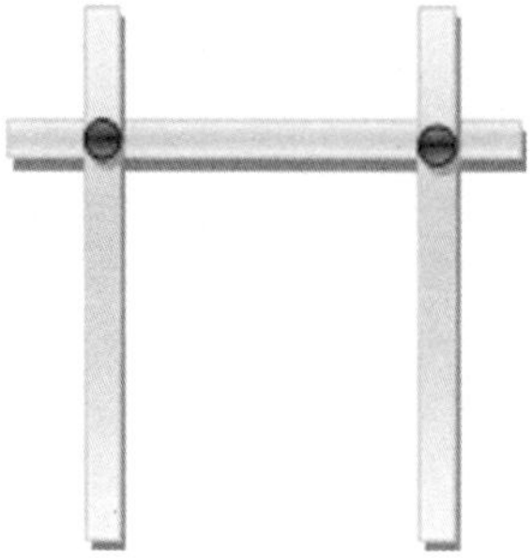
设计图纸

幼儿作品:木相框

（作者:陈梦丽）

大班活动　搭丝瓜架子

活动目标

1. 了解观察、比较,发现材料的组合与数量之间的关系。
2. 尝试与同伴一起选材、讨论制作方法并合作完成作品。

活动准备

1. 物质准备:木条、筷子、雪糕棒等若干;每人一个工具箱(护目镜、手套、围裙、磨砂块和锤子);每组一张设计图(标明架子的尺寸);每组根据自己的需要带好软尺、麻绳和记号笔。
2. 经验准备:幼儿认识丝瓜架子的外形及了解丝瓜架子的作用。

活动内容

幼儿根据提前设计的图纸对架子所需的材料进行测量和分割。最后将制作好的架子插在丝瓜地中。

活动过程

一、导入部分

◆ 师幼一起观察设计图,讨论丝瓜架子的尺寸。

二、基本活动

1. 教师首先提醒幼儿在不同的木料中选择尺寸合适的木料，其次根据事先测量好的架子长短，用软尺在木料上测量出相应的长度，最后用锯子锯开。
2. 教师鼓励幼儿在制作过程中多次测量，获得较为精确的数据。
3. 幼儿将所有需要的木条都分割好之后，开始用榔头和钉子进行组装。
4. 教师巡回指导：为幼儿解决一些架子晃动的问题并协助他们完成作品。提醒幼儿组装时注意安全。
5. 幼儿将架子放在菜园中，如果架子需要捆扎，教师进行帮助和固定。

三、结束部分

◆ 教师根据当时发生的情况对作品进行直接点评。
◆ 师：在架子晃动的时候，有的小组在架子中间加钉了一条木条，还多钉了几个钉子，这样子就稳定多了。

活动延伸

尝试用不同自然物对材料进行正确测量并记录。

活动附件

设计图

幼儿测量木条长短

幼儿安装丝瓜架子

（作者：陶健怡）

大班活动　造小木房子

活动目标

1. 能根据饲养小鸡的需要，主动发起为小鸡造房子的活动。

2. 能通过观察、比较，讨论材料摆放与数量之间的关系。
3. 能与同伴一起选择材料、讨论制作方法并分工合作建造小木房子，遇到困难能一起想办法解决。

活动准备

1. 物质准备：各种木工坊工具、长短不一的木条。
2. 经验准备：幼儿设计好小木房子图纸，统计好准备造小木房子所需材料；有锯木头、钉钉子等经验。

活动内容

幼儿事先分组设计好为小鸡造房子的图纸，根据小组设计图纸准备相应的材料，通过讨论、分工、合作在木工坊中完成小木房子。

活动过程

一、导入部分

◆ 师：你们已经为小鸡设计好房子了，需要的材料也已经统计好了，现在按照你们设计的图纸找好材料，就可以开始为小鸡造房子了。

二、基本活动

1. 出示某一小组的设计图纸，介绍设计图、所需材料、制作方法。
2. 分组合作分工，根据小组设计图纸，找出所需材料。
   (1) 幼儿分工合作：教师对于分工中出现的问题及时指导。
   (2) 寻找材料：引导孩子根据图纸来准备好相应长度和数量的材料——木条，如：柱子有几根，地基需要几根，房梁需要几根等（尽可能地为幼儿提供数量多一些的长度相同的木条，为幼儿降低难度）。
3. 讨论制作的方法，开始造木头房子。
   (1) 讨论做地基框架、顶部框架：引导幼儿回忆制作相框的方法，观察比较小木房子的地基中木头之间的排列、组合的规律。
   (2) 讨论将两个框架组装的方法：怎样才能将方形的地基框架与三角形框架组合起来？
   (3) 分小组造房子。

◆ 教师指导和帮助幼儿将方形的地基框架与三角形框架组合一起。

4. 教师巡回指导。

(1) 在造房子的框架中对材料排列出现的问题及时予以帮助和支持。

(2) 在幼儿钉框架时出现歪、斜等问题时可进行帮助和指导。

(3) 提醒幼儿在使用木工坊钉子、锤子等工具时注意安全。

三、结束部分

1. 幼儿欣赏小房子,互相介绍自己小组造的木房子。
2. 幼儿说说在造木房子中遇到的困难和问题以及解决的方法,并评价自己在活动中的表现。
3. 教师针对活动过程中的整体的情况做小结,提出建议和希望。

活动延伸

1. 以小组的形式进行,根据完成的情况可引导孩子修改完善,也可根据小组造房子的情况重新设计改进并在下一次的木工坊活动中继续造房子。
2. 可为自己家的小宠物设计房子,并与家人一起制作小宠物的木房子。

活动附件

设计图纸

幼儿制作木房子

(作者:舒　苇)

• 木工坊活动室外活动设计

小班活动　玩玩木头玩具

活动目标

1. 喜欢玩木头玩具,感知木头的特性及木头玩具的结构。

2. 乐意向同伴介绍木头玩具的玩法，和同伴一起玩。

活动准备

1. 物质准备：每位幼儿收集一件木头玩具带至幼儿园，教师布置木头玩具商店。
2. 经验准备：幼儿在家里玩过木头玩具。

活动内容

幼儿介绍木头玩具的玩法，和同伴一起玩木头玩具。

活动过程

一、导入部分

◆ 教师出示木头玩具展台。

◆ 师：小朋友们从家里带来了木头玩具，我把它们放在一起变成了幼儿园的木头玩具商店啦！

◆ 我们一起去参观木头玩具商店吧！

二、基本活动

1. 教师介绍一种木头玩具并展示玩法。
2. 教师鼓励幼儿自由选择一种木头玩具玩一玩。
3. 幼儿分享玩法。

◆ 师：你的木头玩具叫什么名字？你是怎么玩的？为什么你喜欢木头玩具？

4. 幼儿交换木头玩具，再玩一玩。

◆ 教师提醒幼儿操作木头玩具时，动作轻缓。

三、结束部分

◆ 幼儿一起将木头玩具整理好放在玩具商店。

活动延伸

幼儿玩幼儿园的塑料玩具。

活动附件

幼儿玩木头玩具

（作者：陈梦丽）

小班活动　试试小锤子

活动目标

1. 认识锤子与核桃，乐意尝试使用小锤子敲碎核桃，取出果肉。
2. 知道要在穿戴护具后使用小锤子，注意安全。

活动准备

1. 物质准备：核桃、餐盘、桌布垫、小锤子、护目镜、手套、围裙。
2. 经验准备：幼儿参观过木工坊。

活动内容

幼儿在教师的指导下，穿戴好护具，使用小锤子敲碎核桃，取出果肉。

活动要求

1. 敲核桃前选择户外或室内桌面，铺上桌布垫。

2. 幼儿穿戴好护目镜、围裙、手套等护具后，使用小锤子敲核桃。
3. 从敲开的核桃里剥出果肉，放在餐盘分享、品尝。

指导要点

幼儿尝试两手握锤，正确使用小锤子，从上方对准一个核桃，快速、有力地往下敲击。

活动延伸

试试其他材质的锤子，如木头的、橡胶的，锤击各种硬壳坚果。

（作者：何　丹）

小班活动　鸭子游泳

活动目标

1. 感知木头的特性，初步感知不同物体在水中的沉浮状态。
2. 乐于参与科学活动，对科学活动有兴趣。

活动准备

1. 物质准备：透明水盆、水、不同沉浮物体（如玻璃珠、铁块、木片、软木塞、塑料玩具）、贴有和分别代表浮和沉标记的两个篮筐。
2. 经验准备：幼儿在家里玩过橡皮鸭子等一些洗澡玩具。

活动内容

教师将各种沉浮物体放在水中，幼儿观察物体在水中的沉浮状态再进行分类。幼儿将浮的物体放入标记的篮子里，沉的物体放入标记的篮子里。

活动要求

1. 物体在水中静止并确定沉或者浮的状态后，幼儿才可将物体从水中取出进行分类。
2. 幼儿一边分类，一边说："木头是浮的，放在浮的篮筐里。"巩固沉、浮的概念。

指导要点

1. 对于投放的材料，教师要事先进行筛选，排除悬浮及个别材料在水中时间长后状态改变等因素的材料。
2. 让幼儿感受木头沉浮的特性。
3. 提醒幼儿捋起袖子，再将物品放入水中，以防打湿衣服。

活动延伸

1. 在教室里自由选择材料，试试沉浮。
2. 在美工区用小木片、泡沫板等制作小帆船。

活动附件

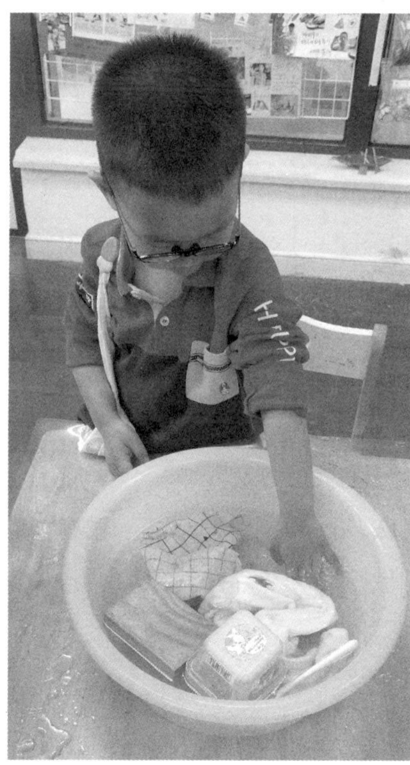

幼儿做沉浮实验

（作者：陈梦丽）

中班活动　大树几岁了

活动目标

1. 了解年轮的作用及形成，对大树的年轮有兴趣。
2. 发展观察力和想象力，乐意探索自然现象。

活动准备

1. 物质准备：松树枝若干、实物投影仪、歌曲《小松树》、年轮形成过程的视频。
2. 经验准备：幼儿在生活中观察过年轮。

活动内容

幼儿仔细观察松树枝上的年轮，了解年轮形成的原因，讨论树木的作用并学会爱护树木。

活动过程

一、导入部分

1. 教师播放歌曲《小松树》。
2. 教师出示实物松树枝。

◆ 师：怎样才能知道松树几岁了？

二、基本活动

1. 鼓励幼儿探索观察树枝的外部特征。

(1) 幼儿人手一段树枝，看一看、闻一闻、摸一摸（教师提醒幼儿注意安全）。

(2) 教师提问：树枝长什么样子的？树枝摸上去有什么感觉？请你来闻一闻，树枝是什么味道的？

(3) 幼儿交流自己的发现。

2. 探索年轮的特征。

(1) 利用实物投影仪集体观察（教师把一段年轮清晰的树干放到投影仪上）。

(2) 教师提问：年轮有什么作用？年轮应该怎样数？

(3) 师幼共同探讨年轮是怎样形成的。

◆ 师：树干是由细胞构成的，细胞们挤在一起，就形成了树干。春天来了，天气暖和了，细胞分裂得多，颜色就浅，长得宽；冬天来了，天气变冷了，营养少，细胞分裂得少，颜色就深，长得也窄。就这样一年又一年形成了年轮。

◆ 观看年轮形成过程的视频。

三、结束部分

1. 幼儿了解树木的作用，知道要爱护树木。

◆ 师：树木长大了，有什么用处？

2. 幼儿一起数一数手中的树干，猜测刚才那棵松树的年轮。

◆ 师：大树几岁了？（40 岁）

活动延伸

在木片上绘画年轮，表现年轮。

（作者：陈梦丽）

中班活动　收集木制品

活动目标

1. 了解各种木制品的名称、用途，并对它们进行分类。

2. 欣赏各类木制品，愿意探索它们的结构与制作方法。

活动准备

1. 物质准备：木制品图片，收集到的木制品（如木制算盘、擀面杖、木臼、木偶、木剑、根雕、木制屏风等）。

2. 经验准备：幼儿在生活中观察、收集过各种木制品。

活动内容

观察、欣赏收集到的各种木制品，说说它们的名称、用途，并对木制品进行分类。交流、讨论这些木制品的结构和制作方法。

活动过程

一、导入部分

◆ 师：在生活中你见过哪些木头做的物品？

◆ 教师出示木制品图片。

二、基本活动

1. 欣赏收集的各种木制品,说说它们的名称和用途。

◆ 师:这些收集的木制品,它们叫什么?有什么用?

2. 对木制品进行分类、摆放。(主要从用途上分类,如生活用品、玩具、工艺品)

3. 交流、讨论这些木制品的结构和制作方法。(选择几种具有代表性的木制品来了解、讨论)

三、结束部分

◆ 将收集的木制品布置在班级木工区域进行展示。

活动延伸

布置木制品展示区,幼儿玩一玩木制玩具,欣赏、绘画木制品。

(作者:何　丹)

中班活动　树木大变身

活动目标

1. 初步了解树木变身木材的过程,感知木材的特性和在生活中的广泛运用。
2. 体会木材的来之不易,形成环保节约的意识。

活动准备

1. 物质准备:PPT《树木大变身》(树木成长时间资料,展示砍伐树木、加工木材的照片与视频),"小小木材展览会"(带树皮原木、斧子和电锯,木板、多层板、颗粒板、硬纸板、打印纸等若干)。
2. 经验准备:幼儿在生活中接触、收集过多种木制品。

活动内容

结合课件、参观"小小木材展览会",了解树木变成生活物品的过程、方法,体会木材的来之不易。

活动过程

一、导入部分

◆ 师：小朋友们，请你们说一说生活中哪些物品是用木头做出来的。

二、基本活动

1. 教师播放课件，幼儿了解树木变身的过程。

◆ 师：刚才说到的这些物品是怎样从树木变成的呢？我们一起来看看。（现场演示使用斧子、电锯等工具锯原木）

2. 幼儿参观“小小木材展览会”，说一说这些物品有什么特点。

三、结束部分

1. 幼儿说说现代科技带来的树木大变身，给生活带来的便利。

2. 幼儿体会木材的来之不易，懂得节约环保。

活动延伸

参观博物馆和苏州园林中的木结构建筑、家具、木制工艺品等。

（作者：何　丹）

中班活动　刨花

活动目标

1. 能大胆利用刨花进行创造性制作。
2. 有合作意识及能力，体验刨花制作带来的乐趣。

活动准备

1. 物质准备：原色和染色的刨花、白乳胶、白纸等辅助材料。
2. 经验准备：幼儿有刨花的经验。

活动内容

幼儿使用刨花，通过剪贴、添画等形式，进行刨花创意制作。

活动要求

1. 幼儿在粘贴刨花前，先摆好位置再粘贴。
2. 涂白乳胶时控制用量，按压一会儿后再松开。

3. 注意使用合适的辅助材料。

4. 在剪贴刨花时注意剪刀使用安全。

指导要点

指导幼儿掌握正确便捷的粘贴方法，大胆想象，鼓励与朋友合作完成，明确分工。

活动延伸

调查了解刨花的其他作用。

活动附件

幼儿作品：刨花狮子

（作者：王依宁）

大班活动　家具的由来

活动目标

1. 认识木制家具的名称，体会家具给人们生活带来的好处。

2. 初步了解家具的由来，知道家具的来之不易，懂得珍惜。

活动准备

1. 物质准备：课件《家具的由来》。

2. 经验准备：幼儿事先收集和了解过家中各种木制家具的图片、视频。

活动内容

初步了解木制家具的功能与特点。结合课件，了解家具的由来，知道在生活中爱惜木制家具。

活动过程

一、导入部分

◆ 师：你知道哪些家具是用木头做的？它们有什么用？

◆ 师：教室里哪些物品是用木头做出来的？有哪些特别的地方？

二、基本活动

1. 幼儿观看课件《家具的由来》，了解家具的由来和制作工具。

◆ 师：你知道家具是怎样制成的吗？它们的制作会用到哪些工具呢？

2. 幼儿了解木制家具的特点，说说木制家具给人们生活带来的好处。

◆ 师：这些家具有什么特别的地方？它们在生活中有什么用？

三、结束部分

◆ 师：在生活中，我们该怎样爱惜这些木制家具呢？

活动延伸

参观苏州园林、博物馆等，了解场馆中的木制家具。

活动附件

木制家具

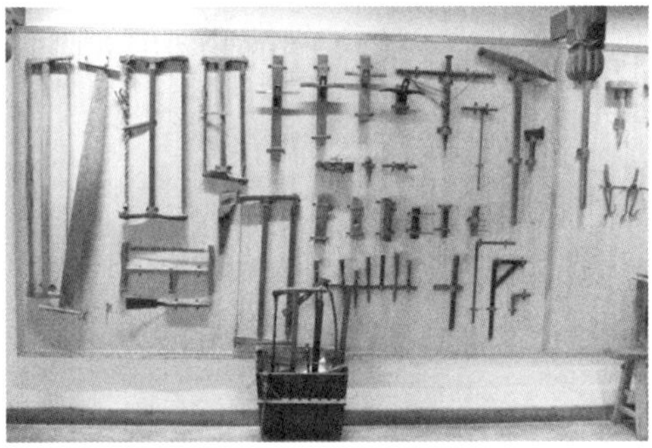

制作工具

（作者：何　丹）

大班活动　一起做风铃

活动目标

1. 能正确使用木工工具及材料，尝试制作风铃。
2. 愿意与同伴分工合作，遇到问题能积极协商并解决。

活动准备

1. 物质准备：木条若干、锤子、锯子、钉子、贝壳、小玻璃瓶、螺蛳壳、开心果壳等。
2. 经验准备：幼儿对风铃的材质、基本结构有一定的了解；已经设计好风铃。

活动内容

幼儿能正确使用木工工具，用锯、钉、钻孔等方法，加工制作风铃骨架及风铃挂件。将风铃挂件捆扎在风铃骨架上，完成风铃的制作。

活动过程

一、导入部分

◆ 师：今天大家都带来了风铃设计图纸，还带来了制作铃铛的材料，现在你们可以拿着设计图纸和材料，开始做风铃啦！

二、基本活动

1. 幼儿介绍设计图纸、风铃所需材料和制作方法。
2. 幼儿分工合作，根据设计图纸上的材料来进行加工制作。
   (1) 教师引导幼儿正确使用木工工具，加工风铃骨架：引导幼儿根据设计图纸来加工风铃骨架；引导幼儿运用自然物测量的方法，获得长短相等的风铃骨架。
   (2) 固定风铃骨架：先将风铃骨架进行围合，确定并标记钉钉子的位置，再进行固定。
   (3) 教师鼓励幼儿遇到问题能相互帮助，合作解决。
3. 幼儿讨论悬挂铃铛的方法：运用正确的木工工具，如捆扎或骨架钻孔穿线等方法，固定骨架上的丝线，再将铃铛材料进行悬挂。
4. 教师巡回指导。
   (1) 在围合固定风铃支架时出现的问题，及时予以帮助和支持。

(2) 对于钉钉子、钻孔时出现的歪、斜等问题，给予帮助与指导。

(3) 提醒幼儿在使用工具的过程中注意安全。

三、结束部分

1. 幼儿集体欣赏风铃作品，说说自己最喜欢哪个。

2. 幼儿说一说自己制作风铃的过程。

3. 幼儿交流制作风铃时遇到的困难以及解决的方法等。

活动延伸

将制作完成的风铃悬挂在幼儿园里，幼儿欣赏各种风铃作品，体验木工创作的成就感。

活动附件

幼儿作品：风铃

（作者：凌凤琦）

大班活动　小木船

活动目标

1. 初步了解木船的基本结构，尝试用各种材料制作小木船。

2. 能与同伴分工合作，不怕困难，遇到问题能积极协商并解决。

活动准备

1. 物质准备：各种制作木船的材料和工具。
2. 经验准备：幼儿了解木船的基本结构，绘画设计图。

活动内容

幼儿分组设计小木船制作图，并按照设计图寻找适合的材料，小组合作制作小木船。

活动过程

一、导入部分

◆ 教师出示幼儿的木船设计图。
◆ 师：请你来介绍一下自己的设计图。你要建造什么样的小船？准备使用哪些材料和工具？你们有几位成员一起建造？

二、基本活动

1. 教师提出建造要求。
 (1) 幼儿按照计划，几位成员一起建造。
 (2) 幼儿选择适合的材料制作，需要多少拿多少，不浪费材料。
 (3) 在遇到困难时，幼儿可以寻求同伴或者家长的帮助，解决困难，坚持完成。
2. 幼儿开始按照设计图，选择材料进行搭建。
 (1) 教师提醒幼儿在搭建小木船时，注意关注部分之间的连接，哪些部分需要用钉子来固定，哪些部分可以用木胶。
 (2) 教师提醒幼儿安全使用工具，关注幼儿的操作情况，发现幼儿在制作中出现的问题，及时给予帮助和建议。

三、结束部分

◆ 幼儿按小组轮流介绍小木船的建造进度，分享建造过程中的困难及解决的办法。

活动延伸

1. 幼儿可以继续去木工坊建造未完成的小木船。
2. 幼儿可以尝试用其他材料制作小船。

活动附件

亲子作品：木船

（作者：陈梦丽）

大班活动　铅笔木屑画

活动目标

1. 尝试使用卷笔刀削铅笔。
2. 能够大胆想象，用铅笔屑贴出各种形象并添画。

活动准备

1. 物质准备：铅笔、卷笔刀、白乳胶、彩色纸、小碗、勾线笔。
2. 经验准备：幼儿知道卷笔刀的使用方法。

活动内容

幼儿使用卷笔刀卷铅笔，用卷下的铅笔屑进行创意粘贴，再进行添画。

活动要求

1. 幼儿在削铅笔时将卷笔刀紧贴铅笔头，尽量不将铅笔屑弄断。
2. 将卷好的铅笔屑放在小碗中，不乱丢。
3. 粘贴时，先摆好位置再粘贴。

指导要点

指导幼儿掌握正确的削铅笔方法，注意安全，并鼓励幼儿大胆想象。

活动延伸

设置生活区和美工区，尝试用不同方法削铅笔，制作铅笔屑创意画。

活动附件

幼儿作品：铅笔屑花

（作者：王依宁）

大班活动　竹房子

活动目标

1. 观察分析竹子的特征，使用竹子搭建房子。
2. 与同伴分工合作，寻找解决问题的方法，坚持完成竹房子的制作。

活动准备

1. 物质准备：竹子、锯子、钉子、打孔器。

2. 经验准备:幼儿搭建过木头房子。

活动内容

幼儿分工合作,使用竹子搭建竹房子。选择合适的工具,遇到困难共同想办法解决,完成竹房子的搭建。

活动要求

1. 幼儿按照计划分工合作,一起搭建竹房子。
2. 在搭建竹房子过程中出现问题,幼儿互相讨论,尝试,寻找办法搭建。
3. 完成搭建竹房子,分享搭建过程,介绍解决问题的方法。

指导要点

1. 教师作为支持者,关注幼儿在搭建过程中出现的问题,及时给予支持。
2. 竹子在连接的时候,由于竹子的特性,可选用先打孔再钉钉子的方法来固定连接。
3. 提醒幼儿安全使用锯子、打孔器等操作工具。

活动延伸

幼儿可用竹子搭建植物爬藤架,制作其他竹制品。

活动附件

幼儿搭建过程中出现的问题

幼儿一起搭竹房子

幼儿作品:竹房子

(作者:陈梦丽)

大班活动　草房子

活动目标

1. 熟悉了解草房子结构特征，运用适合的工具和材料进行搭建。
2. 分工合作，不怕困难，用讨论协商的办法解决问题，完成草房子制作。

活动准备

1. 物质准备：记号笔、锯子、麻绳、铁丝、手摇钻、螺丝钉、稻草、粗细不同的竹子若干。
2. 经验准备：幼儿见过草房子，知道草房子是稻草做成的。

活动内容

幼儿以小组形式参与。幼儿根据草房子设计分工图，分组完成编稻草、锯锯子、打孔、固定等任务。

活动要求

1. 幼儿按照制作草房子区域分组完成制作，并将草房子各部分进行组装。
   (1) 穿编区要求：幼儿将稻草用麻绳捆扎穿编，麻绳的结要打得紧一些，避免稻草脱落。
   (2) 钻孔区要求：用记号笔标记打孔位置，幼儿两两合作，一个负责固定竹子，一个负责打孔。
   (3) 锯竹子要求：确定门框、窗框需要的宽度，用记号笔在小竹竿上做好标记，锯出所需长度的小竹竿。
   (4) 固定区要求：将打好孔的竹竿摆成“口”字形，用螺丝刀将螺丝旋紧，制作出窗。用同样的方法将竹竿摆成“井”字形，用螺丝刀将螺丝旋紧，制作出门。最后将竖着的竹竿用铁丝捆绑固定，装上门、窗，完成草房子的框架。
2. 幼儿将穿编好的稻草铺设到固定好的草房子框架上，完成草房子制作。

指导要点

幼儿能通过观察、比较、实验的方法对自己制作的材料进行验证，固定小组通过摇晃实验等方法，观察草房子框架的稳固性。

活动延伸

幼儿讨论草房子建造完成后如何进行装饰，来完善草房子的功能，以便更好地运用到角色游戏中去。

活动附件

幼儿制作草房子

幼儿和草房子合影

幼儿作品：草房子

（作者：凌凤琦）

第五章　美食坊

俗话说:“民以食为天。”美食可以让人心情愉悦,制作美食更是可以提高幼儿的动手能力。我园美食坊就是幼儿特别喜爱的一个制作美食的公用活动室,幼儿在制作美食的过程中可以享受劳动的快乐,也可以感受到劳动的艰辛。“坊”意味着空间,意味着做特定事的空间,幼儿在美食坊里可以尽兴地做事,做特定于美食的事,做对自己的发展有价值的事。教师可以根据幼儿的兴趣和需要,进入美食坊开展与课程、季节、时令、节日有关的美食活动。我园美食坊公用活动室主要分清洗区、操作区、工具展示区等,每次活动都是整区开放。幼儿在老师的组织引领下整体进入美食坊开展活动。

一、创设背景

婴儿期的时候幼儿就用口来认识自身之外的各种事物和世界,也用口唤醒自己的身体。0—2 岁的婴儿注意力就在口的开发和使用上,等再大一点的时候,满足口的需求就表现在玩和吃上。

“儿童并非毫无能力,并非须事事依赖成人。是儿童自己从周围世界中吸取材料,用这些材料造就了未来的人。”对幼儿来说,不受任何阻碍地投入到自己的美食制作活动之中,就是一种幸福的体验。在美食坊活动中,幼儿是活动的主体,他们在操作食材、制作美食的过程中体验到了愉悦,感受到了真正的幸福。

《指南》健康领域中指出,创造条件和机会,促进幼儿手的动作灵活协调,从而提高幼儿生活自理能力。在幼儿园开展的美食活动对幼儿来说就是玩和吃。杜威指出,为灌输知识而组织的实物教学,不管有多少,绝不能代替关于农场和田园的动植物的直接知识。基于此,我园美食坊能让幼儿主动地去做,能很好地激发幼儿的本能,吸引幼儿去探究和发现。幼儿用真材实料代替了娃娃家的仿真菜,大家在探索中尝试各种工具的使用方法,亲自动手将完整的食材制作成各种美食,在这个过程中幼儿体验到了劳动的乐趣。

我园美食坊是在生活化、游戏化课程发展背景下建立的,美食坊里的活动可以根据幼儿的年龄段特点来展开。对于小班的幼儿来说,美食坊的活动可以帮助他们认识一些常见的食材，还可以帮助他们养成健康、良好的饮食习惯。对于中大班的幼儿来说，美食坊的活动更偏向于工具的认识和使用，让他们在制作美食的过程中加深对各种炊事工具的认识，体验科技的进步。

二、创设价值

1. 是儿童学习使用厨房工具的场所

幼儿园的美食坊就像是儿童的厨房，在这个厨房里幼儿就是主人，他们可以根据自己的意愿和需求选择进入的时间和制作美食的内容。美食坊提供多种厨房用具，如擀面杖、西餐刀、面包机、烤箱等，工具的使用可以让幼儿在体验中了解操作方法，同时还能锻炼幼儿的动手能力，让幼儿在美食活动中了解并处理食材、搭配食材，从而进一步体验生活，养成专心、投入的良好学习品质。

2. 是与园内种植园资源产生联系的场所

种植的目的是收获。陈鹤琴曾指出：要给孩子科学的环境，爱自然是幼儿的天性，透过这种天性，可以培养幼儿爱科学、爱劳动的品格。幼儿在种植园里给植物浇水、除草、收获果实，获得了对自然界事物的正确认识。每当种植园里的蔬菜水果丰收时，幼儿就会将种植园采摘的蔬菜水果搬运到美食坊，亲手制作好吃的东西，如春天的时候幼儿会去种植园里挑马兰头，制作马兰头拌香干；冬天的时候韭菜成熟了，于是幼儿做了香香的韭菜合子。在制作美食的过程中，幼儿通过看、摸、尝、嗅等感觉通道获得了很多新的经验和感受。

3. 是幼儿劳动体验的场所

在美食坊，幼儿自给自足，或亲自动手，或与同伴合作完成，体验成功的快乐同时也体验到了劳动的辛苦。幼儿回家后会自觉地帮着爸爸妈妈去做一些力所能及的家务，如餐前摆放碗筷，为长辈们盛饭，餐后进行整理等。大部分幼儿还会将自己在幼儿园里学到的厨艺介绍给爸爸妈妈，指导父母一起来制作美食。参与美食坊活动，也让幼儿了解到了厨师工作的辛苦，学会了珍惜厨师的劳动成果，懂得了尊重这个职业。

4. 是帮助幼儿建立良好饮食习惯的场所

儿童时期的营养对人一生的健康成长具有十分重要的作用。处于3—6岁幼儿时期的孩子，他们的精力旺盛、发育迅速，更加需要充足的营养。很多幼儿在入园前因家庭喂养方式欠妥，家长过于顺从孩子的意愿，出现了偏食、挑食的现象，继而出现营养不良的问题。在幼儿园开设美食活动，可以让幼儿了解到各种食物的营养，从而了解健康饮食的概念，知道合理膳食的重要性。

5. 是带领幼儿了解民间饮食文化的场所

民间饮食文化是幼儿园课程的重要资源。传递民间饮食文化是美食坊活动的重要任务,不同的民族、不同的地域都有其独特的饮食文化。幼儿在美食坊里可以根据民俗节令、节日节气开展丰富的美食制作活动,幼儿在动手制作的过程中体味特定民间饮食的意义,发展相应的能力,体验特定的情感。

三、创设目标

幼儿的技能发展和认知发展,都离不开生活经验的积累和迁移使用。现代的幼儿普遍在家长的影响下,更重视认知方面的发展,在生活技能和一些精细动作发展方面则略有轻视。鉴于此类情况,我园在学校开办初期就规划了美食坊,为幼儿提供了一处迁移生活经验的公用活动室。美食坊的活动让幼儿可以多感官、全身心地投入和行动,我园教师根据《指南》的相关目标及幼儿的表现及时调整指导策略,制定了符合幼儿发展规律的目标。

表 5-1 美食坊总目标及各年龄段目标

总目标	1. 认识美食坊的环境、工具,感受美食坊的生活气息。 2. 能正确使用厨房设备和工具,感受科技的进步,体验厨房活动的乐趣。 3. 认识各种食材,了解食材与身体健康之间的关系,养成良好的饮食习惯。 4. 欣赏美食,感受美食活动中的艺术创造,并在美食制作中大胆表现。 5. 尊重劳动成果,体验食物的来之不易,节约粮食。
小班	1. 熟悉美食坊的环境,能在成人的支持下使用简单的小工具,用完工具放到指定的地方。 2. 学习运用揉、搓、团、捏、按压等方式制作糕团点心。 3. 品尝各类点心、小吃,不偏食、不挑食。 4. 对自己的小制作感到兴奋,愿意与同伴、成人进行分享。
中班	1. 能正确使用工具,进行简单的制作活动,活动结束后乐于参与整理。 2. 了解常见食材特点与营养价值,有初步的健康饮食意识。 3. 欣赏地方传统节令美食,感受美食的色、香、味、形,了解简单的制作工艺。 4. 了解食品的制作过程和方法,能大胆想象、表现食物的造型,愿意将自己的做法介绍给他人。
大班	1. 能熟练、安全地使用各种工具,按类别将物品、工具归类摆放,并主动整理环境。 2. 了解健康的饮食结构,合理搭配,营养均衡。 3. 能结合季节、民俗、时令制作美食,表达自己的想法。 4. 能与同伴讨论、交流食品的制作过程和方法,采纳他人的建议,愿意相互学习。

四、 环境设置

《纲要》指出："幼儿园应为幼儿提供健康、丰富的生活和活动环境，满足他们多方面发展的需要，使他们在快乐的童年生活中获得有益于身心发展的经验。"我园的美食坊在创设的时候也充分考虑到幼儿的需要，主要为幼儿提供炊事方面的材料使用与技能练习。同时，幼儿园为了更好地鼓励幼儿主动将自己的生活经验进行迁移，设计了富有生活气息的美食坊环境，让幼儿在这个环境中，运用多种感官去感受、体验和表达。

表 5-2　美食坊各区材料及环境

服装区： 1. 幼儿围裙、厨师帽、袖套 2. 教师围裙、厨师帽、袖套	
清洗区： 1. 水池、肥皂 2. 抹布	
教师示范操作台： 调味料、厨房刀具	
幼儿操作台： 六张小桌子、一张长条桌	

续表

工具展示区： 1. 厨房小家电：烤箱、微波炉、烘干机、电磁炉 2. 厨房小工具：石臼、削皮器	  

五、活动方案

（一）活动例举

- 美食坊活动室内活动例举

表 5－3　美食坊活动室内活动例举

活动名称	年龄段	活动来源	时长	组织形式			选择区域			说明
				小组	部分	整体	单区	整区	全部	
水果冷餐会	小班	主题活动“水果大餐”	1 小时			√			√	
采芝斋的糖	小班	主题活动“采芝斋”	1 小时			√			√	
蔬菜饼	小班	主题活动“蔬菜”	1 小时			√			√	
做糕	中班	节日活动“二月二，龙抬头”	1.5 小时			√			√	
韭菜合子	中班	主题活动“春天的电话”	1 小时			√			√	
南瓜饼	中班	主题活动“金色的画”	1.5 小时			√			√	
给爷爷奶奶做一杯花果茶	中班	节日活动“重阳节”	1.5 小时			√			√	
五彩面条	大班	主题活动“蔬菜”	1.5 小时			√			√	

续表

活动名称	年龄段	活动来源	时长	组织形式			选择区域			说明
				小组	部分	整体	单区	整区	全部	
肉夹馍	大班	主题活动“宝贝旅行记”	1.5 小时			√			√	
豆浆	大班	主题活动“豆豆家族”	1.5 小时			√			√	
冰皮月饼	大班	节日活动“中秋节”	1.5 小时			√			√	
元宵	大班	节日活动“正月十五元宵节”	1.5 小时			√			√	
给自己做顿饭	大班	种植活动“采摘蔬菜”	2 小时			√			√	

- 美食坊活动室外活动例举

表 5-4 美食坊活动室外活动例举

活动名称	年龄段	活动来源	与公用活动室活动时间关系	活动类型						说明(亲子活动、大带小等在该列标明)
				集体	区域	生活	游戏	实践	其他	
买水果	小班	主题活动“水果大餐”	前置	√						
参观采芝斋	小班	主题活动“采芝斋”	前置					√		亲子活动
参观黄天源	小班	生活活动“好吃的糕”	前置					√		亲子活动
南瓜怎么吃	中班	公用活动室活动“南瓜饼”	后延	√						
种植葱蒜	中班	公用活动室活动“韭菜合子”	后延		√					
买绿豆	中班	生活活动“认识粗粮”	后延	√						
绿豆汤	中班	绘本活动“妈妈买绿豆”	后延			√				
采摘蔬菜	大班	公用活动室活动“给自己做顿饭”	前置			√				
逛菜场	大班	公用活动室活动“给自己做顿饭”	前置					√		亲子活动

续表

活动名称	年龄段	活动来源	与公用活动室活动时间关系	活动类型						说明(亲子活动、大带小等在该列标明)
				集体	区域	生活	游戏	实践	其他	
立夏腌蛋	大班	节气活动“立夏”	后延			√				
爷爷为我打月饼	大班	民俗活动“中秋节”	后延	√						
旅行中的美食	大班	主题活动“宝贝旅行记”	前置	√						
苏式面条	大班	公用活动室活动“五彩面条”	前置					√		亲子活动

(二)活动设计

• 美食坊活动室内活动设计

小班活动　水果冷餐会

活动目标

1. 能用餐刀均匀切水果块,用完餐刀放回原位。
2. 学习用搅拌的方法制作水果色拉,愿意品尝各类水果。

活动准备

1. 物质准备:酸奶,洗净并削皮的水果(如香蕉、梨、苹果、水果小黄瓜),小碟子,小勺,餐刀,大餐盘,炊事服装。
2. 经验准备:幼儿认识各种常见水果,初步使用过餐刀。

活动内容

幼儿练习使用餐刀均匀切水果块,能用勺子进行搅拌。幼儿品尝自己制作的水果沙拉,体验自己制作水果色拉的乐趣。

活动过程

一、导入部分

◆ 教师出示水果,介绍水果色拉的制作过程和卫生要求。

二、基本活动

1. 幼儿切水果。

(1) 教师示范切水果，将切好的水果放入大餐盘。

(2) 每组负责切一种水果，用餐刀把香蕉、梨、苹果、水果小黄瓜切成小块，放入小碟子。

2. 幼儿制作水果色拉。

(1) 鼓励幼儿互相帮助，穿戴好炊事服装，完成手部清洁。

(2) 指导幼儿在水果中加入酸奶，用小勺把酸奶拌一拌，让每种水果都和酸奶做好朋友。

3. 教师请个别幼儿品尝后说出吃的是什么水果，水果是什么味道的。

4. 教师把水果按类集中摆放在长桌上，幼儿自取水果，搅拌酸奶。教师示范拌水果的方法。

5. 幼儿操作，教师个别帮助，提醒幼儿安全使用餐刀，用正确方式切水果，不要浪费。(配上背景音乐)

6. 幼儿品尝水果色拉。

三、结束部分

◆ 幼儿一同参与清洗、整理炊事活动用具。

活动延伸

可根据季节调整水果种类。

活动附件

幼儿制作的水果沙拉

(作者：卢　音)

小班活动　采芝斋的糖

活动目标

1. 初步了解制作糖果的原材料和方法，能正确使用擀面杖碾碎坚果。
2. 品尝自制糖果，体验自制糖果的快乐。

活动准备

1. 物质准备：白砂糖（可用麦芽糖）、芝麻、核桃、带壳的花生、食用油少量、擀面杖、刀、砧板、烤盘、电磁炉、锅、保鲜袋、点心盘、围裙、袖套。
2. 经验准备：幼儿认识各种常见坚果，有剥花生的经验。

活动内容

幼儿共同剥花生、核桃，能用擀面杖碾碎坚果，观看教师熬糖的过程，知道制作采芝斋糖果的方法，在制作完成后能与同伴共同分享糖果。

活动过程

一、导入部分

1. 教师介绍制作糖果的材料。
2. 教师示范准备制作材料的环节。
3. 教师帮助幼儿穿脱围裙和袖套。

二、基本活动

1. 幼儿共同剥花生、核桃，教师巡回指导。
2. 教师指导幼儿将剥好的坚果放入保鲜袋中进行碾碎。
3. 幼儿观察教师做糖（红糖、麦芽糖做法同下），提醒幼儿观察做糖的步骤：锅内烧热油—倒入白砂糖—快速搅拌糖液—加入坚果碎—快速搅拌混合均匀。

◆ 提前做好班级对坚果过敏幼儿的调查，避免幼儿过敏。提醒幼儿观看教师做糖时，与电磁炉等保持安全距离，以免被烫伤。

4. 教师把混合好的糖液一起盛起来放到烤盘里，用铲子、擀面杖将花生糖抹平整。
5. 教师切糖（趁糖还比较热的时候，将糖从烤盘中倒扣在砧板上，切成小块），切好后放入点心盘中。

6. 幼儿品尝糖果。

三、结束部分

◆ 幼儿一同参与清洗、整理炊事活动用具。

活动延伸

幼儿在选择坚果时，可以选择剥、敲等方式去壳。核桃选用纸皮核桃和硬壳核桃两种，增加幼儿不同的体验。

活动附件

幼儿和教师一起做糖

幼儿品尝自制糖果

幼儿自制的糖果

（作者：卢 音）

小班活动 蔬菜饼

活动目标

1. 了解刨丝工具的使用方法，愿意动手刨蔬菜丝。
2. 乐意品尝蔬菜饼，知道多吃蔬菜对身体好。

活动准备

1. 物质准备：便于刨丝的根茎类蔬菜（如胡萝卜、土豆等），鸡蛋，面粉，刨丝工具，不锈钢盆，围裙，袖套。
2. 经验准备：幼儿认识常见的蔬菜。

活动内容

幼儿使用刨丝工具将根茎类蔬菜刨成丝状，并将蔬菜丝、鸡蛋、面粉放入盆中搅拌成蔬菜面糊。

活动过程

一、导入部分

◆ 师:小朋友们,你们吃过蔬菜饼吗?

二、基本活动

1. 教师出示根茎类蔬菜(如胡萝卜、土豆等),与幼儿一起说说蔬菜的名称、颜色及外形特征。
2. 教师组织幼儿观看刨丝工具的操作视频,讨论刨丝工具的使用方法和安全注意事项。
3. 幼儿穿好围裙,戴好袖套,分组操作。教师观察并指导幼儿将刨丝工具架在不锈钢盆上,握住食材(胡萝卜、土豆等)进行刨丝。
4. 教师引导幼儿在刨好的蔬菜丝中加入适量的面粉和鸡蛋,搅拌成面糊。
5. 教师将面糊收集起来,选择合适的烹饪工具煎制蔬菜饼,幼儿观察蔬菜饼制作过程。
6. 教师巡回指导:提醒幼儿使用刨丝工具时要注意安全。

三、结束部分

◆ 幼儿品尝香香的蔬菜饼。

活动延伸

回家后亲子制作各种美味的蔬菜饼。

活动附件

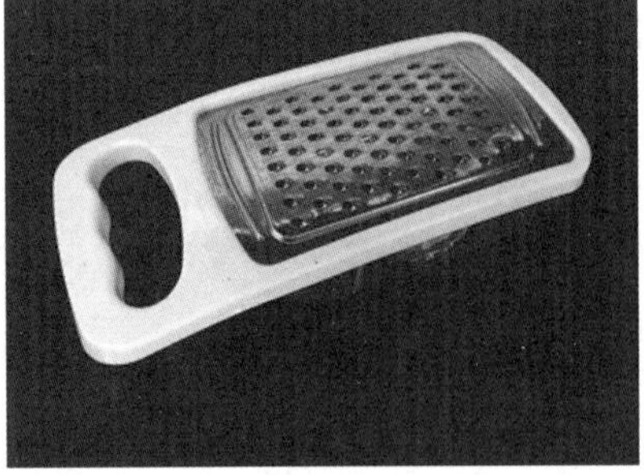

刨丝工具

幼儿制作的蔬菜饼

(作者:程玉琳)

中班活动　做糕

活动目标

1. 了解农历二月初二吃撑腰糕的习俗。
2. 能用糯米粉和面，制作撑腰糕。
3. 愿意大胆地将自己的制作方法介绍给同伴及家人。

活动准备

1. 物质准备：糯米粉、水、量勺、不锈钢盆、不锈钢勺。
2. 经验准备：幼儿品尝过撑腰糕，知道这是由糯米粉制作的一种节令美食。

活动内容

幼儿尝试探索糯米粉与水混合的比例，将两者混合制作成光滑柔软的面团，并通过搓、揉、捏等方法，做出各种形状的撑腰糕。

活动过程

一、导入部分

◆ 师：二月初二是中国的传统节日之一，苏州人会在这天吃一种特别的食物——撑腰糕。

◆ 师：今天我们也来尝试一下制作二月初二的时令美食——撑腰糕吧。

二、基本活动

1. 教师出示食材（糯米粉、水）与工具（量勺、不锈钢盆、不锈钢勺），引导幼儿通过观察、触摸，感受糯米粉的特点。
2. 幼儿观看制作撑腰糕的视频，讨论和粉的方法。
3. 分组操作，幼儿感受糯米粉加入水后的形态变化。教师引导幼儿通过加糯米粉或水来调整面团的状态，制成光滑的面团。
4. 教师引导幼儿通过揉、捏、压等方法把面团做成各种形状的撑腰糕。
5. 教师选择合适的烹饪工具将幼儿制作的撑腰糕煎熟后，放入调制好的红糖水中。幼儿观察制作过程。提醒幼儿在观看教师制作撑腰糕时注意与烹饪工具等保持安全距离。
6. 教师巡回指导：引导幼儿在制作面团的过程中自主探索合适的糯米粉与水的比例。

三、结束部分

1. 幼儿品尝制作的撑腰糕。

2. 幼儿合作整理使用的工具。

活动附件

幼儿在制作糕点

幼儿制作的糕点

（作者：凌　妍）

中班活动　韭菜合子

活动目标

1. 学会正确、安全使用新工具——儿童专用厨房小菜刀。

2. 了解韭菜合子的制作过程，并能用语言表达出来。

活动准备

1. 物质准备：种植区收割并清洗干净的韭菜、鸡蛋、香干、面粉、水、不锈钢大盆、塑料垫板、打蛋器、小菜刀、剪刀、不锈钢小碗、擀面杖、制作韭菜合子的视频、投影仪。

2. 经验准备：幼儿有使用剪刀的经验，会揉面团。

活动内容

幼儿逐步完成剪韭菜、打蛋液、切香干等步骤，并将自己和好的面团擀薄、包馅，制作成韭菜合子。

活动过程

一、导入部分

◆ 师：昨天我们去种植区收割了韭菜，小朋友吃过韭菜合子吗？

二、基本活动

1. 教师出示食材（韭菜、鸡蛋 、香干、面粉）与工具（儿童专用厨房小菜刀），与幼儿强调使用厨房小菜刀的安全事项。
2. 观看制作韭菜合子的视频，讨论韭菜合子的制作方法。
3. 分组操作，教师观察并引导幼儿逐步完成剪韭菜、打蛋液、切香干等步骤。
4. 幼儿观察教师将鸡蛋液炒熟，与韭菜碎、香干丁、佐料搅拌的过程。
5. 教师引导幼儿取适量的面粉和水和面；并将面团擀成薄薄的、大大的面皮；放入馅料后将面皮对折，按压面皮边缘。
6. 教师选择合适的烹饪工具将孩子制作的韭菜合子煎熟，幼儿观察煎制过程。
7. 教师巡回指导：提醒幼儿使用剪刀、厨房小菜刀时要注意安全。

三、结束部分

◆ 幼儿品尝美味的韭菜合子。

活动延伸

回教室交流韭菜合子的制作过程。

活动附件

幼儿制作的韭菜合子 1

幼儿制作的韭菜合子 2

（作者：程玉琳）

中班活动　南瓜饼

活动目标

1. 了解南瓜的多种烹饪方法，知道南瓜是一种有营养的根茎类蔬菜。
2. 能用糯米粉与熟南瓜和面，制作南瓜饼。

活动准备

1. 物质准备：糯米粉、熟南瓜、小果干、量勺、不锈钢小盆、蒸锅、食用油、制作南瓜饼的视频、投影仪。
2. 经验准备：幼儿有过和面、制作面点的活动经验。

活动内容

幼儿尝试用熟南瓜和着糯米粉制成面团。通过搓、揉、捏等方法，将面团制成各种造型的南瓜饼，并用果干进行装饰。

活动过程

一、导入部分

◆ 师：南瓜可以用来烹饪美味的菜肴，也可以和其他食材混合在一起制作成好吃的小点心。今天我们就来制作一种用南瓜和糯米粉制成的小点心——南瓜饼。

二、基本活动

1. 出示食材（蒸熟的南瓜、糯米粉、小果干）与工具（量勺、不锈钢小盆）。（活动所需量勺建议为有一定深度的勺子，可以用奶粉勺代替）
2. 观看制作南瓜饼的视频，讨论南瓜饼的制作方法。
3. 引导幼儿取适量的熟南瓜与糯米粉和面，用揉、捏、搓等方法把面团做成各种形状的南瓜饼。
4. 教师引导幼儿用小果干对南瓜饼进行装饰。
5. 教师将孩子制作的南瓜饼表面刷食用油，用蒸锅将南瓜饼蒸熟。
6. 教师巡回指导：提醒幼儿在和面过程中观察面团的干湿情况，可以通过加糯米粉或熟南瓜来调整面团的状态。

三、结束部分

1. 幼儿品尝制作的南瓜饼。

2. 幼儿合作整理使用的工具。

活动延伸

幼儿回教室交流用南瓜和糯米粉的过程。

活动附件

舀面粉的勺子

幼儿制作的南瓜饼

（作者：凌　妍）

中班活动　给爷爷奶奶做一杯花果茶

活动目标

1. 知道常见的秋天的花、果，了解这些花果对人体有保健作用，可以做成茶饮。
2. 了解爷爷奶奶对茶饮的喜好，制作一份爷爷奶奶喜爱的花果茶包。
3. 能积极参加制作花果茶包的活动，乐意大胆分享制作中的感受。

活动准备

1. 物质准备：花干（菊花、桂花、玫瑰花），果干（枸杞、枣片、山楂片、陈皮），工具（盘子、勺子、夹子），花果茶配料表，圆点贴纸，围裙，袖套。
2. 经验准备：幼儿事先调查过爷爷奶奶喜欢喝的茶、常见秋季花果的功效。

活动内容

幼儿交流自己调查到的花果功效和爷爷奶奶的喜好，制作花果茶配料方案，选择自己需要的食材装在茶包里。

活动过程

一、导入部分

◆ 师：小朋友认识了许多秋季的花和果，你们知道这些花和果有什么功效吗？

二、基本活动

1. 教师出示花干和果干，和幼儿一起去看一看、闻一闻，说一说它们的名称、颜色及外形特征。

◆ 教师提前做好班级对花粉过敏幼儿的调查，避免幼儿过敏。

2. 教师出示花果茶配料表和圆点贴纸，师幼一起讨论表格的内容和圆点贴纸的作用，知道一个圆点表示一个花干或果干，几个圆点表示几个花果干。

3. 幼儿尝试制作茶包配料表，交流为什么给爷爷/奶奶选 XX 花干（果干）。

4. 幼儿进行制作前的准备：穿围裙、清洗双手。教师鼓励幼儿相互帮忙穿围裙、戴袖套，对穿戴有困难的幼儿进行个别指导。

5. 幼儿制作茶包。根据自制的配料数量取食材，用工具取放食材。

6. 幼儿相互检查制作的花果茶包与配料数量是否一致。

7. 教师巡回指导：引导幼儿相互交流、相互检查，说一说制作茶包中遇到的问题。

三、结束部分

◆ 鼓励幼儿把茶包带回家送给爷爷奶奶，为爷爷奶奶泡一杯花果茶。

活动延伸

1. 活动后，继续了解爸爸妈妈的喜好，在家继续为家长泡一杯花果茶。

2. 结合秋季干燥的特点，为自己做一杯甜甜的雪梨茶。

活动附件

花果茶配料表

 菊花	 桂花	 玫瑰花	 枣片	 陈皮	 山楂片	 枸杞

备注：幼儿可以结合配料表给爷爷奶奶或者其他家人制作花果茶，配料成分可依据个人口味酌情增减。

（作者：杨 艳）

大班活动　五彩面条

活动目标

1. 知道常见几种蔬菜的名称及营养价值，知道多吃蔬菜对身体好。
2. 乐意动手进行制作，能安全使用面条机、榨汁机等工具。

活动准备

1. 物质准备：易于染色的蔬菜（如胡萝卜、菠菜、紫甘蓝等），鸡蛋，面粉，擀面杖，面条机，榨汁机，不锈钢盆，围裙，袖套。
2. 经验准备：幼儿认识常见的蔬菜。

活动内容

幼儿尝试使用榨汁机将蔬菜分批榨汁，教师帮助幼儿加热蔬菜汁，幼儿将鸡蛋、面粉、蔬菜汁混合放入盆中搅拌，搓揉成团后用擀面杖压薄。幼儿分批使用面条机，将面皮放入其中，使之成条状。教师煮熟面条，共同品尝。

活动过程

一、导入部分

◆ 师幼讨论可以将染色的蔬菜榨汁，引出制作五彩面条的话题。

二、基本活动

1. 教师出示易于染色的蔬菜（如胡萝卜、菠菜、紫甘蓝等），和幼儿一起说说蔬菜的名称、颜色及外形特征。
2. 教师出示榨汁机，师幼一起讨论如何使用工具将蔬菜榨汁。
3. 幼儿动手操作，教师观察并指导。

◆ 榨汁结束后，教师帮忙将榨好的蔬菜汁进行加热。

4. 幼儿在盆中加入鸡蛋、面粉、加热过的蔬菜汁，搅拌揉成面团，随后用擀面杖擀皮，后将擀好的皮放入面条机中压制成面条。
5. 教师现场煮面，幼儿观察煮面的过程。
6. 教师巡回指导：提醒幼儿使用榨汁工具、面条机时要注意安全。帮助幼儿穿脱围裙及袖套。

三、结束部分

◆ 幼儿和同伴分享品尝五彩面条，说说五彩面条的外观和味道。

活动延伸

人数较多时可分组进行榨汁、揉面、擀皮、压面的工作。

活动附件

面条机

幼儿制作的五彩面条

（作者：卢　音）

大班活动　肉夹馍

活动目标

1. 认识做肉夹馍的材料，愿意动手制作肉夹馍。
2. 能与同伴讨论、交流肉夹馍的制作过程和方法。

活动准备

1. 物质准备：面粉、水、盆、肉酱、青菜、胡萝卜、刨子、食用油、煎锅、电磁炉、围裙、袖套。
2. 经验准备：幼儿认识西安的美食——肉夹馍，知道制作肉夹馍的主要材料。

活动内容

幼儿尝试探索面粉与水混合的比例，将两者混合制作成光滑柔软的面团，并通过搓、揉、捏等方法做出馍。幼儿将蔬菜清洗、切碎。

活动过程

一、导入部分

◆ 师:你们知道西安的传统美食是什么吗?需要用哪些材料?

二、基本活动

1. 幼儿互相帮助穿好围裙、戴好袖套,完成手部清洁。
2. 幼儿认识做肉夹馍的主要食材——面粉、肉酱、蔬菜。
3. 幼儿了解做肉夹馍的主要步骤——先将面粉加适量的水进行和面,再反复搓、揉成光滑的面团,搓成一个厚厚的馍后用勺子挖开一个洞,最后把肉酱塞进去。
4. 幼儿尝试和面,做完后放到大盆中。配班老师将幼儿做的馍进行煎炸。
5. 幼儿制作肉酱:先将青菜洗净切碎,胡萝卜刨皮切丁,之后将两者与肉酱混合搅拌。
6. 幼儿把蒸熟的肉酱塞入炸好的馍里,品尝并分享肉夹馍。

三、结束部分

◆ 幼儿与同伴分享揉面方法,共同参与清洗炊具、整理用具等环节。

活动延伸

肉夹馍里的蔬菜可以根据孩子们的喜好进行调整。

活动附件

幼儿制作肉夹馍

幼儿制作的肉夹馍

(作者:徐慧玲)

大班活动　豆浆

活动目标

1. 认识石磨、豆浆机等研磨工具，感受科技的进步。
2. 了解制作豆浆的方法，知道多喝豆浆对身体有好处。
3. 乐意与同伴合作使用研磨工具，制作中能互相提醒、互相帮助。

活动准备

1. 物质准备：石磨、豆浆机、干黄豆、提前浸泡一夜的湿黄豆、水、纱布袋、玻璃壶、计时器若干个。
2. 经验准备：幼儿有与同伴合作的经验。

活动内容

幼儿体验用石墨或豆浆机磨豆浆，观察并记录下磨豆浆的时间，发现手动磨豆浆和电动磨豆浆的区别，最后一起品尝豆浆。

活动过程

一、导入部分

◆ 师：刚刚点心时间小朋友都喝了牛奶，那你们喝过豆浆吗？今天我们一起来制作豆浆吧。

二、基本活动

1. 教师出示石磨和豆浆机，与幼儿讨论磨豆浆的方法。
2. 幼儿结伴自由选择石磨或豆浆机磨豆浆。
3. 幼儿分组操作，教师提醒幼儿观察石磨转动时黄豆的变化；提醒使用豆浆机的幼儿注意安全。
4. 教师协助幼儿将石磨磨出的豆浆倒入纱布袋中过滤。
5. 教师将石磨磨出的豆浆煮熟后，请幼儿品尝。
6. 教师巡回指导：鼓励幼儿互相商量，分工合作，用计时器记录好操作时间。

三、结束部分

◆ 幼儿与同伴分享制作豆浆的过程，讨论石磨和豆浆机制作豆浆的区别，感受科技的发展。

活动延伸

幼儿可在家长的协助下尝试使用家里的电动厨房用具，如榨汁机、电动打蛋器等。

活动附件

豆浆机

石磨

（作者：程玉琳）

大班活动　冰皮月饼

活动目标

1. 了解中秋节的相关习俗，学习制作冰皮月饼，体验动手制作月饼的乐趣。
2. 能与同伴讨论、交流食品的制作过程和方法。

活动准备

1. 物质准备：月饼皮、炼乳、月饼模具、勺子、不锈钢小碗、一次性桌布、保鲜膜、围裙、袖套。
2. 经验准备：幼儿了解过冰皮月饼，知道它是一种由糯米粉制作而成的节令美食。

活动内容

幼儿将白色的月饼皮通过揉、捏等加工成小碗形状，接着放入紫薯球，搓成圆团，然后放入模具压一压，最后进行脱模。幼儿品尝自己制作的冰皮月饼，体验中秋节吃月饼的习俗。

活动过程

一、导入部分

◆ 师：你们吃过月饼吗？月饼是什么样子的？吃起来味道怎么样？

◆ 师:你们吃过冰皮月饼吗?你们知道它是怎么做成的吗?

二、基本活动

1. 教师鼓励幼儿互相帮助穿戴好炊事服装,洗手,做好活动前准备。
2. 幼儿认识冰皮月饼的制作食材——月饼皮,感受月饼皮软软、凉凉的特点。
3. 幼儿动手制作馅料,将紫薯捣成泥以后加入少量的炼乳,再揉成紫薯球。
4. 幼儿将冰皮揉成小碗的形状,包入紫薯球,搓揉成圆团,再放入模具压出花纹。

三、结束部分

◆ 幼儿品尝冰皮月饼,与同伴分享冰皮月饼的制作方法,师幼共同清洗、整理炊事活动用具。

活动延伸

制作的冰皮月饼中馅的种类可根据当地的节日或节令习俗进行调整。

活动附件

幼儿制作冰皮月饼

幼儿制作的冰皮月饼

(作者:徐慧玲)

大班活动　元宵

活动目标

1. 知道农历正月十五中国人有吃元宵的习俗，乐意参与制作元宵的活动。
2. 能用揉、搓、压等方法把面团包裹住馅料制作元宵。
3. 愿意参加整理工作，学习清洗、擦洗、扫地等简单的劳动。

活动准备

1. 物质准备：糯米粉，水、与幼儿商讨确定的各类馅料（如糖果、巧克力、蔓越莓、花生、豆沙等），和粉盆，舀粉用的量勺，加水用的50毫升的小量杯，安全小刀，已经清洁的桌子，托盘，围裙，袖套。
2. 经验准备：幼儿参与过多次和粉活动，有和粉经验。

活动内容

幼儿两两合作，将糯米粉与水混合揉成面团。幼儿通过揉、搓、捏等方式，放入自己喜欢的坚果、糖果等馅料包成元宵，品尝自己制作的元宵，体验农历正月十五吃元宵的习俗。

活动过程

一、导入部分

◆ 师：正月十五元宵节有哪些习俗呢？你喜欢哪些口味的元宵？

二、基本活动

1. 教师结合前期的讨论展示今天做元宵的食材，并和幼儿一起讨论确定制作方法和制作要求。
2. 幼儿独立穿戴围裙、袖套，完成手部清洁、食材摆放等工作。
3. 幼儿自主寻找合作伙伴，两两组合一起和糯米粉，把糯米粉揉成团。
4. 用安全小刀把面团切成小块，将面团按压形成小碗状，放入自己爱吃的馅料，最后封口。（元宵外皮只要能包裹住馅料即可，幼儿可以发挥创意制作各种元宵造型）
5. 教师制作“好运元宵”，随机放入一个干果，寓意吃到干果的幼儿会有好运气。
6. 教师带领幼儿将包好的汤圆送到食堂，请厨师伯伯帮忙煮汤圆。

7. 教师巡回指导：关注幼儿和粉过程，感知粉和水混合的适宜比例，如是2勺粉一杯水比较合适，还是3勺粉一杯水更合适。提醒幼儿注意小刀等使用的安全。

三、结束部分

1. 幼儿共同参与整理活动，清洗碗盆、擦拭桌面、打扫地面等。
2. 班级交流分享和粉、制作元宵的过程。

活动延伸

1. 在品尝元宵时，引导幼儿为园里的工作人员送一碗元宵一起来感受元宵节热闹、开心的氛围。
2. 到绘本馆里查阅《四季知味》《这就是中国味道》《二十四节气》等图书，了解更多的传统美食。

活动附件

量杯

量勺

（作者：杨　艳）

大班活动　给自己做顿饭

活动目标

1. 了解当季常见的食材，能说出食物的名称。
2. 能通过搅、剥、剪等方法，合理处理食材。
3. 能将当天菜品的制作过程介绍给同伴及家人。

活动准备

1. 物质准备：种植区采摘的番茄、马兰头、鸡蛋、冷冻虾、剪刀、打蛋器、不锈钢盆、不锈钢小碗、菜品的制作视频。

2. 经验准备：幼儿在生活中观察过成人如何处理各种常见食材。

活动内容

幼儿根据食材的不同处理方式，分组通过搅、剥、剪等方法处理食材，用于烹饪午餐菜品。

活动过程

一、导入部分

◆ 师：今天我们中午的餐点是番茄炒蛋、清炒马兰头和盐水虾，接下来我们要一起来准备食材。

二、基本活动

1. 教师出示食材（番茄、马兰头、鸡蛋、虾）与工具（剪刀、打蛋器），与幼儿强调使用剪刀的安全事项。
2. 观看三种菜品的制作视频，讨论食材的处理方法。
3. 分组操作，幼儿自由选择小组，教师引导幼儿分组完成打鸡蛋、剥番茄皮、择马兰头、剪虾须等步骤。
4. 教师选择合适的烹饪工具将幼儿备好的食材烹饪成番茄炒蛋、清炒马兰头和盐水虾三种菜品。
5. 教师巡回指导：提醒幼儿使用剪刀时要注意安全，引导幼儿合理处理食材，不过度浪费食材。

三、结束部分

1. 幼儿品尝菜品。
2. 幼儿合作整理使用的工具。

活动延伸

1. 菜品选择可根据季节、幼儿午餐实际安排进行调整。
2. 可通过食材的选择，让幼儿感受多种不同的食材处理方法。

（作者：凌　妍）

• 美食坊活动室外活动设计

小班活动 买水果

活动准备

1. 经验准备：幼儿认识各种常见水果。
2. 场地准备：提前联系商家沟通参观事宜，提前告知家长准备幼儿外出统一服装及照相机、零钱等（尽可能选择摆放水果整齐、按类别摆放明显的水果店进行参观）。

参观对象和内容

幼儿通过参观水果店，观察、了解水果店水果的摆放方式，知道买东西要付钱。幼儿能围绕“水果”这一话题交谈，能用简短的句子谈谈自己爱吃的水果。

参观前谈话

1. 教师鼓励幼儿结合生活经验，说一说去过的水果店内水果的摆放方式、水果的买卖流程。
2. 教师介绍参观场地及参观时的观察重点：引导幼儿重点观察店内水果的种类、水果的摆放方式等。鼓励幼儿有不明白的地方可以询问水果店的营业员。
3. 师幼讨论选购水果流程，引导幼儿在选购过程中注意与营业员礼貌互动。
4. 教师鼓励幼儿主动与营业员打招呼，做有礼貌的小客人。提醒幼儿买水果时注意跟紧队伍、不掉队，遵守参观规则。

参观后汇总讨论

1. 讨论水果分类堆放以及摆放的顺序。
2. 讨论购买水果的流程。

活动延伸

了解多种付款的方式。

活动附件

参观水果店 1

参观水果店 2

（作者：卢　音）

小班活动　参观采芝斋

活动准备

1. 物质准备：照相机、幼儿自带水壶。

2. 场地准备：活动前提前告知家长幼儿参观的场所位置，与商家做好参观事宜对接。

参观对象和内容

参观采芝斋，引导幼儿了解采芝斋是苏州的百年老店，其特色产品是苏州传统美食——苏式糖果。

参观前谈话

1. 教师介绍参观地点——采芝斋

◆ 师：采芝斋是苏州传统百年老店之一，位于苏州的观前街上，其主要的特色产品是苏式糖果。

2. 教师介绍参观时主要观察的内容。

(1) 观察采芝斋糖果店与其他糖果店的不同。

(2) 观察采芝斋糖果店售卖的糖果种类。

(3) 观察营业员身着的蓝印花布服装与售卖方式。

(4) 观察各种糖果以及其制作过程。

◆ 幼儿在参观过程中,可在家长的帮助下用照相机将自己感兴趣的商品拍摄下来。

3. 师幼讨论参观注意事项。

(1) 鼓励幼儿主动与营业员打招呼,做有礼貌的小客人。

(2) 结账时有序排队结账。

参观后汇总和讨论

1. 幼儿展示带来的苏式糖果,进一步观察苏式糖果的外形特点。
2. 幼儿品尝苏式糖果,说一说糖果的种类和味道。

活动延伸

了解采芝斋的糖果制作的过程。

活动附件

苏州观前街采芝斋

(作者:卢　音)

小班活动　参观黄天源

活动准备

1. 物质准备:照相机或手机、幼儿自带水壶。
2. 经验准备:幼儿品尝过苏式糕点。

参观对象和内容

幼儿参观黄天源，欣赏各种各样的苏式糕点，初步了解苏式糕点的制作材料与方法。

参观前谈话

1. 幼儿介绍自己吃过的苏式糕点的名称、外形及口感。

2. 教师介绍参观地点——黄天源。

◆ 师：黄天源是苏州传统百年老店之一，位于苏州观前街上，其特色产品是苏式传统美食——苏式糕点。

3. 教师介绍参观时主要观察的内容。

(1) 观察黄天源内出售的糕点是如何摆放的。

(2) 观察糕点外形。

(3) 观察客人购买糕点的过程。

◆ 幼儿在参观过程中，可在家长的帮助下用照相机或手机将自己感兴趣的糕点拍摄下来。

4. 师幼讨论参观时的注意事项。

◆ 注意参观安全，跟随大人一起活动，有需要可以及时告知大人。

◆ 提醒幼儿注意保护店内食品的卫生。

参观后汇总和讨论

1. 教师展示幼儿拍摄的糕点图片，请幼儿简单介绍自己拍摄的苏式糕点的相关信息。

2. 教师根据幼儿兴趣及展示的图片，介绍苏式糕点的主要制作材料和方法。

活动附件

苏州观前街黄天源糕团店

（作者：凌　妍）

中班活动 南瓜怎么吃

活动目标

1. 知道南瓜是一种有营养的食材，有很多不同品种。
2. 愿意将自己知道的有关南瓜美食的制作方法介绍给同伴。

活动准备

1. 物质准备："我喜欢的南瓜美食"调查表。
2. 经验准备：幼儿品尝过不同种类南瓜制作的美食。

活动内容

幼儿通过分享"我喜欢的南瓜美食"调查表，了解如贝贝南瓜、磨盘南瓜等不同种类南瓜的烹饪方法，感受用南瓜制作出的美食的多样性。

活动过程

一、导入部分

◆ 教师出示幼儿在幼儿园品尝过的南瓜饼和南瓜菜肴的图片，鼓励幼儿回忆这些南瓜美食吃起来的口感。

◆ 师：你们还吃过哪些南瓜制作的美味食物？这些食物的口感又是什么样的呢？

二、基本活动

1. 幼儿分享调查表。

◆ 教师鼓励幼儿分享调查表，大胆向同伴介绍自己喜欢的南瓜美食的名称、用到了哪种南瓜，并简单介绍美食的制作方法等。

2. 对于幼儿在分享过程中提到的不同种类南瓜，教师可以在幼儿分享后通过图片展示，向幼儿进行简单的介绍。

三、结束部分

1. 教师对幼儿介绍的南瓜食品，根据食品的类别与幼儿一起进行分类，如糕饼类、点心类、菜肴类等，引导幼儿感受南瓜美食的多样性。
2. 教师鼓励幼儿猜测在介绍过程中提到的不同种类南瓜的大小，为后续"南瓜肚子大"测量活动进行铺垫。

活动附件

“我喜欢的南瓜美食”调查表

调查人	
我喜欢的南瓜美食	（注：可用图片或手绘记录下来）
用到了哪种南瓜	（注：可用图片或手绘记录下来）
用到了哪些食材	（注：可用图片或手绘记录下来）
制作方法	（注：可用图片或手绘记录下来）

（作者：凌　妍）

中班活动　种植葱蒜

活动准备

1. 物质准备：葱、蒜、泥土、小花盆、小剪刀、小铲刀、喷壶。
2. 经验准备：幼儿能正确辨识葱、蒜。

活动内容

幼儿自主选择葱、蒜其中一种植物，尝试将其根部剪下，种植在小花盆里。教师引导幼儿在植物表面填一层薄土，浇水后放置到教室种植区。

活动前谈话

1. 教师出示葱、蒜，师幼讨论它们与韭菜的区别，说说葱、蒜的特点，找找葱、蒜的根和茎。

◆ 师：葱、蒜和韭菜有什么不一样的地方？

2. 教师出示剪好的葱根、蒜根，师幼讨论种植葱、蒜的方法。
3. 教师出示种植工具，师幼一起讨论种植的步骤。
4. 幼儿进行种植，教师观察并指导，提醒幼儿安全使用小铲刀。

活动中巡回指导

操作过程中，教师提醒幼儿将葱、蒜的根部插入土中，不要插反，种植完成后在表面盖上薄薄的泥土，并给植物浇少量的水。

活动后交流和讨论

幼儿分享交流自己种植的植物，种植的方法。

活动延伸

每天观察照顾自己种植的植物，做好植物生长记录。

（作者：程玉琳）

中班活动　买绿豆

活动目标

1. 能安静阅读绘本，了解故事中阿宝和妈妈买绿豆的一系列趣事。
2. 仔细观察画面，发现绿豆在蒸煮过程中的变化。
3. 体会故事中妈妈与孩子亲情互动的幸福感、满足感。

活动准备

1. 物质准备：《妈妈买绿豆》绘本人手一本。
2. 经验准备：幼儿有良好的阅读习惯。

活动内容

幼儿自主阅读绘本，仔细观察画面，了解故事的基本内容；自主阅读后向同伴介绍自己喜欢的绘本画面，说说自己对画面的理解（教师引导幼儿关注画面的细节）。教师组织集中阅读，梳理故事内容，带领孩子感受故事中孩子与妈妈的亲情互动。

活动过程

一、导入部分

◆ 与幼儿一起认识绘本《妈妈买绿豆》的封面，引起幼儿的阅读兴趣。

二、基本活动

1. 幼儿自主阅读绘本，能一页一页地翻阅绘本，观察画面内容。
2. 教师鼓励幼儿在集体面前介绍绘本内容，说说自己对画面的理解，引导幼儿观察画面细节。
3. 教师组织集体阅读，梳理故事内容，知道阿宝和妈妈买绿豆的一系列趣事。
4. 教师巡回指导：提醒幼儿安静阅读，爱惜绘本；引导幼儿观察画面中的细节，如绿豆在蒸煮中的形态变化。

三、结束部分

◆ 谈话讨论孩子与妈妈之间的情感。

活动延伸

幼儿回家后多和家长进行亲子阅读，体验亲子互动的幸福感。

（作者：程玉琳）

中班活动　绿豆汤

活动目标

1. 知道绿豆汤具有止渴消暑的特点，乐意品尝绿豆汤。
2. 能手眼协调地用勺子挖、舀绿豆和糯米饭等食材，提高手部动作的灵活性。

活动准备

1. 物质准备：蒸熟的绿豆、糯米饭、薄荷水、红绿丝、冬瓜糖、蜜枣、蜜豆、小碗、小勺。

2. 经验准备:幼儿有良好的进餐习惯、饮食习惯。

活动内容

幼儿每人拿一个小碗和一把小勺子,从盛放食材的盆中舀一勺绿豆、一勺糯米饭到自己的碗中,随后根据自己的口味选择一到两种配料,最后加入薄荷水,搅拌后慢慢品尝。

活动要求

1. 提醒幼儿拿稳勺子,舀适量的绿豆、糯米饭,避免将绿豆、糯米饭撒在桌上或地上。
2. 引导幼儿选好食材后,坐到座位上,搅拌后慢慢品尝。
3. 鼓励幼儿爱惜粮食,能将自己选择的食物吃完。

活动延伸

午餐时可以让幼儿自主分餐,提高幼儿的手眼协调能力。

活动附件

绿豆汤

(作者:程玉琳)

大班活动　采摘蔬菜

活动准备

1. 物质准备：小篮子、小铲刀、采摘蔬菜的视频。
2. 经验准备：幼儿观察过种植园里的蔬菜。

活动内容

幼儿分散进入幼儿园种植园地，寻找可以采摘的蔬菜，正确使用工具将蔬菜采摘到自己的小篮子里，注意采摘工具的使用安全。采摘结束，幼儿回教室后与同伴讨论自己采摘的蔬菜名称、数量，最后将采摘的蔬菜清洗干净。

活动前谈话

1. 集体观看采摘蔬菜的视频，讨论确定幼儿园种植地里可以采摘蔬菜的种类。
2. 师幼讨论采摘工具的使用方法，提出安全注意事项。

活动中巡回指导

进入种植园地，教师提醒幼儿分散寻找可采摘的蔬菜。提醒幼儿在拔不动蔬菜时，可以使用小铲刀将蔬菜根部附近的泥土铲松，然后用力地将蔬菜连根拔起。

活动后交流和讨论

幼儿将自己采摘的蔬菜和小铲刀放入小篮子里，同伴间互相介绍自己采摘到的蔬菜名称，比一比采摘到的蔬菜数量。

活动延伸

幼儿将采摘的蔬菜清洗干净。

（作者：程玉琳）

大班活动　逛菜场

活动准备

经验准备：幼儿对常见食材有一定的了解。

参观对象和内容

参观菜场，观察、了解菜场中的常见食材，感受蔬菜的买卖过程。

参观前谈话

1. 教师介绍“给自己做顿饭”中需要使用的食材。鼓励幼儿结合生活经验，说一说可以去什么地方进行采购，如何进行采购。
2. 教师鼓励幼儿通过简笔画等方法绘画所需食材，尝试制作采购清单。
3. 教师介绍参观选购食材的地点——菜场。
4. 师幼讨论注意事项。
   (1) 注意采购的流程，在挑选过程中不破坏食材。
   (2) 如何挑选合适的、新鲜的食材。
   (3) 关注食材的称重和价格计算方法。

参观后汇总和讨论

1. 幼儿介绍在参观过程中看到的食材。
2. 幼儿介绍自己采购食材的过程。

活动延伸

在种植活动中尝试种植常见的部分蔬菜。

（作者：凌　妍）

大班活动　立夏腌蛋

活动目标

1. 知道立夏吃咸鸭蛋的传统，了解咸鸭蛋的制作过程。
2. 乐于参与制作活动，愿意大胆地将自己的制作方法介绍给同伴及家人。

活动准备

1. 物质准备：盐、白酒、花椒、生鸭蛋、玻璃瓶。

2. 经验准备：幼儿品尝过咸鸭蛋，知道立夏要吃咸鸭蛋。

活动内容

幼儿尝试自己制作咸鸭蛋，将鸭蛋按顺序依次泡白酒、抹盐和抹花椒，最后小心地装入玻璃瓶中。

活动要求

幼儿在制作完咸鸭蛋后，需要在瓶子上写上制作的时间，便于日后观察。

指导要点

提醒幼儿在制作的过程中要把盐和花椒抹均匀，完全覆盖住鸭蛋再放入玻璃瓶中密封起来。提醒幼儿在蛋上涂抹盐、花椒时注意不触碰到眼、鼻等，装入玻璃瓶中时要注意不打碎玻璃瓶。

活动延伸

幼儿观看各地腌制咸鸭蛋的视频，了解不同的腌蛋方法。

活动附件

幼儿制作的腌蛋

（作者：卢　音）

大班活动　爷爷为我打月饼

活动目标

1. 学唱歌曲，感受歌曲的抒情性质，注意休止符的停顿。
2. 通过歌曲，了解与中秋节有关的习俗。
3. 感受旋律的气氛以及和同伴一起参加集体音乐活动的乐趣。

活动准备

1. 物质准备：中秋节视频、歌曲《爷爷为我打月饼》视频、月饼若干。
2. 经验准备：幼儿知道中秋节的习俗。

活动内容

幼儿共同学习歌曲，通过学唱歌曲《爷爷为我打月饼》，了解中秋节要吃月饼的习俗。

活动过程

一、导入部分

1. 讨论有关中秋节的话题。

◆ 师：小朋友们，你们知道在什么节日有吃月饼的习俗吗？中秋节除了要吃月饼外，还有什么和其他节日不一样的习俗？

2. 教师播放中秋节视频，引导幼儿了解有关中秋节的习俗。

二、基本活动

1. 教师播放视频《爷爷为我打月饼》，轻声演唱。

◆ 师：这首歌曲的名字叫《爷爷为我打月饼》，你们听完有什么感觉？是欢快的还是抒情的？你们从歌曲中听到了什么？

2. 教师总结歌词。
3. 幼儿学唱歌曲，教师引导幼儿跟随拍旋律节奏，边拍手边念歌词。
4. 跟随钢琴，分集体、个人练唱歌曲。

三、结束部分

1. 幼儿边欣赏歌曲视频，边分享月饼。
2. 教师巡回指导：学唱歌曲，通过出示与歌曲内容相对应的照片、视频来理解歌曲内容，进一步加深对中秋节习俗的了解。

活动延伸

1. 幼儿欣赏故事“嫦娥奔月”,了解中秋节的来历。
2. 幼儿欣赏视频,了解月饼的制作过程。

（作者:卢　音）

大班活动　旅行中的美食

活动目标

1. 初步了解一些各地的美食的名称。
2. 知道家乡苏州的美食,萌发爱家乡的情感。

活动准备

1. 物质准备:幼儿收集到的美食照片或是自己绘画的美食、苏州美食 PPT、投影仪。
2. 经验准备:幼儿有过旅行的经验。

活动内容

幼儿交流旅行中得知的各地美食的名称和苏州的美食。

活动过程

一、导入部分

◆ 师:你们暑假里都去了哪些地方?你们吃到了哪些好吃的东西?

二、基本活动

1. 教师提取一些有特色、代表性强的美食进行重点介绍,如西安的肉夹馍、成都的火锅等。
2. 教师用投影仪展示苏州美食 PPT,简单介绍苏州的地方特色美食。

◆ 松鼠鳜鱼(因外形与松鼠相似而得名,味道酸甜)。

◆ 响油鳝丝(装盘上菜后仍能听到油发出噼啪声)。

三、结束部分

◆ 师:你最喜欢哪样美食?为什么?

活动延伸

幼儿在日常生活中可将自己了解到的家乡美食与别人进行交流。

活动附件

幼儿品尝松鼠鳜鱼

幼儿送给大厨松鼠鳜鱼折纸

响油鳝丝

（作者：徐慧玲）

大班活动　苏式面条

活动准备

经验准备：幼儿品尝过苏式面条。

调查对象和内容

与家长一起通过面馆就餐、网上查询等渠道，调查苏式面条的主要特点，了解苏式面条与其他地方特色面条的区别。

调查前谈话

1. 教师鼓励幼儿结合生活经验，说一说自己品尝过的苏式面条与其他地方特色面条的区别。
2. 教师鼓励幼儿猜测苏式面条区别于其他面条的主要特点，如有特制的面汤、面浇头等。
3. 教师鼓励幼儿说一说自己准备从哪一方面进行苏式面条的调查，如面汤的制作方法、面浇头的制作方法、苏式面条的点餐方法等。幼儿选取其中一点进行调查。

4. 教师鼓励幼儿在调查后,设计调查表,并根据调查结果,通过剪贴图片、绘画等方法记录自己的调查内容。

调查后汇总和讨论

1. 幼儿分享调查表。教师可根据幼儿调查的内容,对调查表进行分类展示。
2. 教师对幼儿的调查结果进行总结、梳理。

(作者:凌　妍)

第六章 绘本馆

绘本具有多彩的图画和生动的故事情节，能给幼儿带来语言、审美、想象力、认知等多维体验。我园基于幼儿需要及兴趣、经验，与幼儿共同创设公用活动室绘本馆。我园绘本馆开设了多个区域，有图片讲述区、表演区、阅读区、编辑部、视听区、皮影小剧场、树屋等，并分区域配备了各类绘本、早教杂志、图片、音像以及与阅读相关的辅助工具材料，努力创设丰富、多样、自由、有深度的支持性环境，让幼儿在舒适愉悦的氛围中阅读、讲述、表演、创作，从而激发他们的阅读兴趣，获得阅读素养的提升。我园绘本馆活动组织形式多样，有全部区同时开放，也有部分区开放或单区开放，一般情况下，每班两周开展一次绘本馆活动，小班以阅读区、视听区为主，中班、大班一般是多区域同时开放。

一、 创设背景

阅读活动是幼儿园教育活动的重要组成部分，幼儿园图书室的存在，能满足幼儿广泛阅读的需要，同时能激发幼儿阅读的兴趣，有助于培养幼儿良好的阅读习惯。因此幼儿园图书室的创建在幼儿园课程建设中发挥着举足轻重的作用。我园在开办初期，就设立了图书室作为幼儿阅读图书的场所，但最初的图书室空间小、活动形式单一，不能较好地满足幼儿阅读的需求。随着社会对幼儿绘本阅读的认识和重视，幼儿在生活中也有越来越多的机会接触到绘本，与之相应的幼儿阅读方式也变得越来越丰富，如有声阅读、电子绘本等。为了更好地深入开发幼儿园课程资源，满足幼儿阅读需要，我园积极引进优质绘本，创设了绘本馆，并将绘本阅读逐步融入我园各年龄段的主题课程。

《指南》中指出："为幼儿提供丰富、适宜的低幼读物，经常和幼儿一起看图书、讲故事，丰富其语言表达能力，培养阅读兴趣和良好的阅读习惯，进一步拓展学习经验。"绘本馆既是我园课程的直接来源，又是课程实施的一种有效途径，对幼儿园的课程建设和教育质量提升具有重要价值。

二、创设价值

我园绘本馆为幼儿创造了一个自由、独立、宽松的阅读环境，保障幼儿在阅读过程中不受干扰，并产生舒适、安全的心理感受。我园多区域的设置，丰富了幼儿的阅读形式，促进幼儿的阅读水平的提高及阅读习惯的养成。

1. 营造环境，帮助幼儿获得愉悦的阅读体验

幼儿的阅读是以快乐体验为追求的。温馨又舒适的阅读环境，丰富多样的阅读材料和阅读内容，都能让幼儿陶醉于阅读的快乐中。幼儿通过翻阅自己感兴趣又喜欢的图书，操作各种阅读材料，能感受生动的画面，从而获得愉悦的体验。

2. 形式多样，促进幼儿的阅读水平和阅读习惯

如今的绘本馆已不是单一的为幼儿提供图书阅读的场所，我们设置了图片阅读区、角色扮演区、排图讲述区、视听室……幼儿可以根据自己的兴趣自主选择。在此过程中，幼儿学习阅读方法，养成爱护图书、自由阅读、积极思考和表达的良好习惯，学会在阅读中观察猜测、思考想象及表达创新，不断提高阅读水平。通过阅读、排图讲述、角色扮演等，幼儿能够欣赏各种文学作品，尝试运用口头语言和书面语言进行交流，积极地与阅读材料、阅读内容进行多方面的互动，增进幼儿语言表达的机会。

3. 拓宽视野，提升幼儿的综合能力

借助阅读、欣赏各种文学作品，幼儿能感受幽默、愉悦的体验；精美的画面，汇聚了各种风格创作方式，拓宽了幼儿的审美视野；幼儿能从阅读内容中感知大自然的神奇美妙和科学的无穷奥秘；通过阅读、表演，幼儿的社交能力被激发；通过自制图书，幼儿使用图画工具绘画、写字的能力有所提升；通过多方位的刺激和锻炼，幼儿拓宽了视野，各方面的能力也大大得到提升。

三、创设目标

幼儿园绘本馆活动能够促进幼儿多方面发展，我园将绘本馆作为幼儿园的一项重要教学资源。我园从《指南》以及《纲要》出发，根据小班、中班、大班各年龄段特点，通过年级组审议及教科研等规范地制定了不同年龄段绘本馆活动的经验目标，具体如下。

表 6-1 绘本馆总目标及各年龄段目标

总目标	1. 了解绘本馆环境的布局,体会不同形式的阅读,感受安静、温馨的阅读氛围。 2. 喜欢听故事、看图书,掌握阅读的基本方法,具有初步的阅读理解能力。 3. 愿意用涂涂画画、符号、图画等进行书面表达。 4. 喜欢进行文学活动,并能运用多种形式大胆表现与创造。 5. 爱惜图书,能遵守绘本馆各区域的规则,养成良好的阅读习惯。
小班	1. 了解绘本馆里不同区域的功能,感受不同形式的阅读活动。 2. 能安静地倾听故事,正确翻阅图书,有始有终地看完一本书。 3. 会看画面,能根据画面说出图中有什么,发生了什么事。 4. 喜欢用涂涂画画表达自己的想法。 5. 能运用玩偶等模仿故事中角色的对话和动作。
中班	1. 感受绘本馆安静的阅读氛围,能按照分类标记有序地取放图书。 2. 能自主选择图书,欣赏不同的图书风格,静心阅读。 3. 能仔细观察画面,理解故事主要人物、情节发展,乐意讲给别人听。 4. 愿意用简单的图画、符号表达自己的愿望和想法,并与同伴分享交流。 5. 愿意尝试制作故事道具,合作表演,体验表演的乐趣。 6. 能够保持良好的坐姿看书、听课。
大班	1. 能感受绘本馆温馨的氛围,专注阅读图书。 2. 能制定并遵守借阅规则,自主借阅图书。 3. 知道可以借助工具书查找自己需要的内容,感受图书的作用。 4. 喜欢与他人一起谈论图书和故事的有关内容。 5. 能说出所阅读的文学作品的主要内容,并借助图片或手偶进行猜想、续编、创编故事。 6. 愿意用图画和符号表现事物或故事,尝试制作图画书。 7. 能够保持良好的书写姿势,看书能注意保持距离,不长时间看书。 8. 能与同伴合作,分角色表演故事。

四、环境设置

经过精心的布置改造,我园的绘本馆已经不仅仅是一个让幼儿阅读的图书室,它还以多种多样的阅读形式潜移默化地培养着幼儿的阅读兴趣。馆内以国内外经典绘本为主,配备与各年龄段主题相关的绘本,并分区域配备了一些早期教育书籍。馆内设有图片讲述区、表演区、阅读区、编辑部、视听区、皮影小剧场、树屋等,白色与原木色相间的书架很好地将整个活动室分隔成几个区域,每个空间既独立又互通,馆内还提供手偶、头饰、磁性贴图、修补绘画工具等,为幼儿的阅读创设多样、自由、有深度的支持性环境。

表 6－2　绘本馆各区材料及环境

室内 1	
图片讲述区： 幼儿可以自愿挑选故事图片讲述故事 1. 卡卡书 2. 绘本故事磁性贴图	
表演区： 幼儿可以摆弄手偶或头饰，表演并讲述故事 1. 手偶 2. 头饰	 
阅读区： 白色与原木相间的书架分隔成几个阅读区，既独立又互通，让幼儿自由阅读 1. 国内外经典绘本 2. 早期画报类 3. 早期认知图片 4. 早期教育书籍 5. 桌子（有斜度，保护视力）、椅子 6. 圆形地垫、小圆桌、小圆凳 7. 卡通软靠椅	  
编辑部： 给中大班幼儿提供了更多的操作活动机会，结合大班“我喜欢看书”主题，幼儿可以在这里继续探索书的演变过程 1. 美工材料（剪刀、纸、彩笔、订书机、胶水、书夹等） 2. 打字机、造纸机器 3. 打印机等	 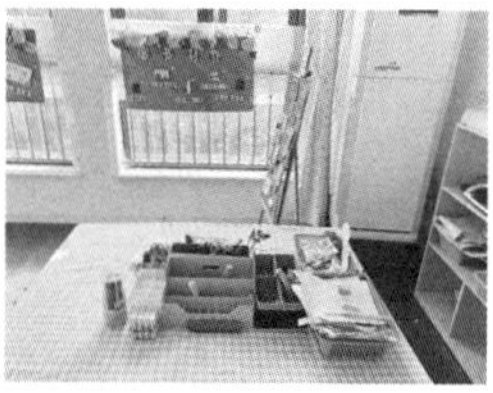 

续表

室内 2	
视听区： 借助多媒体技术视听结合，让幼儿接触更多的绘本欣赏形式，进一步激发阅读兴趣 1. MP3、耳机 2. 电视机 3. 录制好的绘本故事录音和视频，以及相应的绘本书	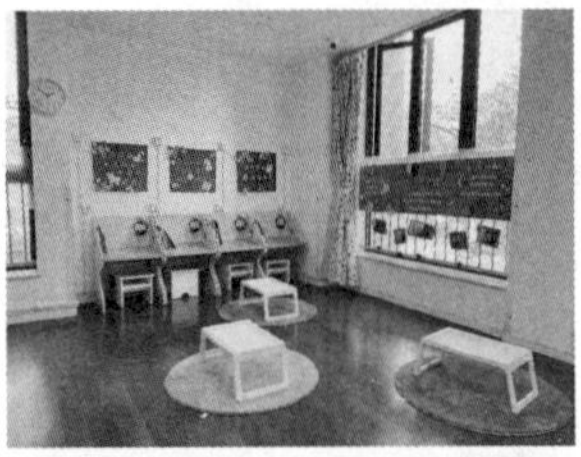
皮影小剧场： 结合“皮影戏”活动，孩子们自制皮影幕布，制作皮影材料，设计皮影故事，探索表演皮影戏 1. 皮影剧幕布 2. 皮影人物道具	
室外（走廊）	
树屋： 柔和的灯光、柔软的矮凳，孩子们又有了隐秘的表演空间	 

五、活动方案

（一）活动例举

• 绘本馆活动室内活动例举

表 6－3　绘本馆活动室内活动例举

活动名称	年龄段	活动来源	时长	组织形式			选择区域			说明
				小组	部分	整体	单区	整区	全部	
我们的绘本馆	小班	主题活动“我上幼儿园”	1 小时			√			√	
手偶找朋友	小班	生活活动“观看手偶戏”	1 小时			√		√		
好玩的书	小班	生活活动“我家的书”	1 小时			√	√			

续表

活动名称	年龄段	活动来源	时长	组织形式			选择区域			说明
				小组	部分	整体	单区	整区	全部	
我喜欢的书	中班	主题活动“我喜欢的书”	1.5 小时			√	√			
老虎拔牙	中班	主题活动“老虎拔牙”	1 小时			√	√			
有趣的连环画	中班	主题活动“我喜欢看书”	1.5 小时			√			√	
皮影戏	中班	生活活动“停电了”	1.5 小时			√	√			
借阅图书	大班	主题活动“我喜欢看书”	1.5 小时			√			√	
最“老”的书	大班	主题活动“我喜欢看书”	1.5 小时			√	√			
折叠书	大班	主题活动“我喜欢看书”	1.5 小时			√			√	
图书装订	大班	主题活动“我喜欢看书”	1.5 小时			√	√			
我的大书	大班	主题活动“我喜欢看书”	1.5 小时			√	√			
我们的出版社	大班	主题活动“我喜欢看书”	2 小时			√			√	

- 绘本馆活动室外活动例举

表 6-4　绘本馆活动室外活动例举

活动名称	年龄段	活动来源	与公用活动室活动时间关系	活动类型						说明（亲子活动、大带小等在该列标明）
				集体	区域	生活	游戏	实践	其他	
小书回家了	小班	公用活动室活动“我们的绘本馆”	后延		√					
变色鸟	小班	主题活动“变色鸟”	后延		√					
小黄和小蓝	小班	主题活动“小黄和小蓝”	后延		√					
做书签	中班	公用活动室活动“我喜欢的书”	后延		√					

续表

活动名称	年龄段	活动来源	与公用活动室活动时间关系	活动类型						说明（亲子活动、大带小等在该列标明）
				集体	区域	生活	游戏	实践	其他	
收集图书	中班	主题活动“我喜欢看书”	前置						√	
我家的书（一）	中班	生活活动“收集图书”	后延	√						
我家的书（二）	中班	生活活动“收集图书”	后延	√						
纸从哪里来	大班	主题活动“我喜欢看书”	后延	√						
参观图书馆	大班	公用活动室活动“借阅图书”	前置					√		
收集最“老”的书	大班	主题活动“我喜欢的书”	前置						√	
好玩的印刷	大班	主题活动“我喜欢看书”	后延							
文字的演变	大班	主题活动“我喜欢看书”	后延	√						
图书展	大班	主题活动“我的大书”	后延	√						

（二）活动设计

- 绘本馆活动室内活动设计

小班活动　我们的绘本馆

活动目标

1. 熟悉幼儿园绘本馆的环境，知道绘本馆有不同的区域。
2. 能选一本自己喜欢的书，一页一页地进行翻阅。
3. 学习安静地看书，知道阅读结束后将书按标记放回指定的地方。

活动准备

1. 物质准备：各类图书、手偶、玩偶、排图卡片、MP3、iPad。

2. 经验准备：幼儿对幼儿园大环境有一个初步的认识。

活动内容

幼儿参观绘本馆的各个区域，熟悉绘本馆各个区域的环境。幼儿能自主选择一本喜欢的图书并安静地坐下阅读。

活动过程

一、导入部分

◆ 师：小朋友们，你们去过图书馆吗？你们想不想去看一看我们幼儿园的图书馆呢？

二、基本活动

1. 教师带领幼儿参观绘本馆的图片讲述区、阅读区、表演区、视听室。
2. 教师分批带领幼儿进各区，参观各区的环境。
3. 教师带领幼儿进入阅读区，提醒幼儿每人选一本自己喜欢的书，拿回座位安静地看书。
4. 教师巡回指导：引导幼儿翻阅图书的时候，把书放正，一页一页地翻阅图书，并保持安静；提醒幼儿将书按标记放回指定的地方。

三、结束部分

◆ 教师请幼儿介绍绘本馆有哪几个区域及绘本馆规则。

活动延伸

布置班级阅读区、布置家庭阅读区，并做好相关标记，鼓励幼儿尝试自己整理图书，学习按标记摆放图书。

（作者：金燕君）

小班活动　手偶找朋友

活动目标

1. 进一步熟悉幼儿园绘本馆的环境，了解绘本馆里不同区域的功能。
2. 能选一个自己喜欢的手偶，去书里找一找和它一样的朋友。
3. 对手偶有兴趣，体验游戏的快乐。

活动准备

1. 物质准备：各类图书、手偶、玩偶、排图卡片、MP3、iPad。
2. 经验准备：幼儿已参观过绘本馆，熟悉绘本馆环境。

活动内容

幼儿熟悉环境，自主选择图书、手偶，尝试和同伴一起去书中找一找手偶的好朋友，试着说一说手偶的名称和特征，能用手偶和同伴一起做游戏。

活动过程

一、导入部分

◆ 师：小朋友们，你们快看他们是谁？我们去绘本馆找一个手偶朋友一起看图书吧！

二、基本活动

1. 教师带领幼儿进入手偶区、阅读区。
2. 教师引导幼儿选择一个自己喜欢的手偶，和同伴一起说说手偶的名字。
3. 幼儿自主或和同伴一起选一本喜欢的书，试着在书中找一找手偶的好朋友。
4. 同伴分享自己找到的手偶好朋友。
5. 教师巡回指导：引导幼儿一页一页地正确翻阅图书，并仔细找一找手偶的好朋友，和同伴轻声交流自己的发现；提醒幼儿玩手偶时不打闹、不喧哗。

三、结束部分

1. 教师提醒幼儿将书按标记放回指定的地方，将手偶放回原处。
2. 教师鼓励幼儿说说今天的手偶朋友是谁，有没有帮手偶找到好朋友。

活动延伸

1. 收集各种各样的图书、卡片、手偶、指偶，布置地垫、靠垫、小沙发等，创设温馨的阅读区氛围。
2. 班级图书区里可收集一些指偶、手偶等，引导幼儿也玩一玩“手偶找朋友”的游戏，激发幼儿对阅读的兴趣。

活动附件

幼儿在玩“手偶找朋友”

（作者：金燕君）

小班活动　好玩的书

活动目标

1. 初步感知各种书的特征，知道书有不同的种类。
2. 对书感兴趣，能学习安静地翻阅图书。

活动准备

1. 物质准备：布书、洞洞书、立体书等。
2. 经验准备：幼儿已熟悉绘本馆环境，并有在阅读区看书的经历。

活动内容

幼儿进入绘本馆阅读区，观察各种不同种类的图书，感知各种书本的特性，并且选择一本感兴趣的图书，安静地坐下阅读。

活动过程

一、导入部分

◆ 师：你见过哪些图书？我们一起去绘本馆找一找、看一看吧！

二、基本活动

1. 教师带领幼儿认识各种不同的书。重点认识洞洞书、布书、立体书。

◆ 师:小朋友们,你们见过这些书吗?你们能说出这些书的种类吗?

2. 教师鼓励幼儿找一找各种图书。

◆ 师:你能找到这样的图书吗?

3. 幼儿自主和同伴一起找一找,选一本喜欢的书,安静地坐下阅读。

4. 教师巡回指导:引导幼儿摸一摸、看一看书,感知各种书的特性,能一页一页地正确翻阅,感知书本的不同材质以及画面的变化。提醒幼儿不要大声喧哗打闹。

三、结束部分

1. 教师提醒幼儿将书按标记放回指定的地方。

2. 幼儿说说今天最喜欢的是哪一本书,为什么。

活动延伸

班级图书区里可收集一些各种不同种类的书,引导幼儿看一看、翻一翻,激发幼儿对阅读的兴趣。

(作者:金燕君)

中班活动　我喜欢的书

活动目标

1. 初步认识书的特征,了解图书与人们的关系。
2. 知道爱护图书,能按照分类标记有序取放图书。
3. 愿意自主选择喜欢的图书,与同伴分享交流喜欢的书。

活动准备

1. 物质准备:每位幼儿一张借书卡,前期收集不同种类的图书,如地图、教科书、盲文书、外语书、荧光书、电子书等。
2. 经验准备:熟悉绘本馆内图书的分类,并有在绘本馆自主阅读的经验。

活动内容

幼儿自主选择喜欢的书,与同伴分享交流,了解不同书的特征。

活动过程

一、导入部分

◆ 师：在绘本馆看书的时候有什么规则呢？图书应该怎么取放呢？

二、基本活动

1. 幼儿自主选择喜欢的书，鼓励他们大胆地向同伴介绍。
2. 让幼儿认识各种不同特征的书，说说图书与人们的关系。
3. 让幼儿了解一些特别的书，如荧光书、电子书。
4. 教师巡回指导：重点指导幼儿介绍图书时仔细观察画面，具体说一说人物、情节发展等内容。

三、结束部分

幼儿将图书分类放回书架。

活动延伸

前期幼儿可各自收集喜欢的书，丰富图书种类，后期班级里可开设阅读角或班级图书馆，投放不同种类的书，供幼儿自主阅读。

（作者：许颖婷）

中班活动　老虎拔牙

活动目标

1. 理解故事主要人物、情节发展，乐意讲给别人听。
2. 使用手偶，合作表演，体验表演的乐趣。

活动准备

1. 物质准备：故事人物手偶、道具、表演背景、背景音乐。
2. 经验准备：幼儿已理解《老虎拔牙》的故事。

活动内容

幼儿分组练习手偶剧。幼儿按组轮流表演，没有表演的幼儿担任观众，观看表演。

活动过程

一、导入部分

◆ 教师出示老虎、猴子的手偶。

◆ 师：你们会讲《老虎拔牙》的故事吗？今天我们一起用手偶来表演《老虎拔牙》吧！

二、基本活动

1. 教师介绍操作手偶的方式。
2. 教师示范用手偶表演第一段故事。
3. 教师鼓励幼儿自由分组，使用手偶、背景音乐等，选择空的地方，自由排练手偶剧。
4. 教师巡回指导：提醒幼儿有感情地讲述故事对话，用手偶表演故事情节。
5. 幼儿按组表演《老虎拔牙》手偶剧，其他幼儿观看表演。教师提醒观众安静观看，不发出声响，避免影响演出。

三、结束部分

◆ 师：你最喜欢哪组的手偶表演？分享交流表演的感受。

活动延伸

1. 在角色游戏表演区表演手偶剧《老虎拔牙》。
2. 可给平行班、小班、大班的小朋友进行手偶剧表演。

活动附件

幼儿表演《老虎拔牙》1

幼儿表演《老虎拔牙》2

（作者：陈梦丽）

中班活动　有趣的连环画

活动目标

1. 知道连环画是由多幅画面构成的。
2. 感受连环画形象鲜明、色彩明快的特征。
3. 理解连环画中的主要人物和情节发展。

活动准备

1. 物质准备：放大的连环画《小蝌蚪找妈妈》，图卡每组一份。
2. 经验准备：幼儿听过《小蝌蚪找妈妈》的故事。

活动内容

幼儿欣赏翻看连环画，感受连环画的特征，小组合作操作排序加深理解。

活动过程

一、导入部分

◆ 师：你们还记得《小蝌蚪找妈妈》的故事吗？今天老师带来了一些画，我们一起来看一看吧。

二、基本活动

1. 教师引导幼儿讨论连环画的特征。（人物、颜色、线条等）

◆ 师：你在画上看到了什么？他们看上去是怎么样的？他们的颜色怎么样？

2. 幼儿分组操作图卡，教师引导幼儿讨论连环画单页与整个故事的关系。
3. 教师巡回指导：引导幼儿分组讨论连环画单页的内容并排序，鼓励每位幼儿都参与，不争抢，不打闹。

三、结束部分

◆ 教师引导幼儿根据连环画故事进行讲述、表达。

活动延伸

幼儿尝试讲述、表演连环画故事，或亲手制作一本连环画。

活动附件

故事《小蝌蚪找妈妈》

（作者：王依宁）

中班活动　皮影戏

活动目标

1. 了解皮影戏的表现手法，感受皮影戏的艺术美。
2. 尝试制作皮影戏道具，用皮影戏的形式表演。
3. 乐意和同伴合作表演，体验表演的乐趣。

活动准备

1. 物质准备：幼儿自制戏台、皮影人物道具。

2. 经验准备：幼儿对光与影有一定的了解，在日常生活中寻找过影子；对皮影戏有初步了解；前期设计皮影戏故事情节，用图画等形式记录。

活动内容

幼儿根据自主设计的故事情节，分角色利用道具开展皮影戏表演。

活动过程

一、导入部分

◆ 师：我们上次一起设计的皮影故事你们还记得吗？谁想来演一演？

二、基本活动

1. 幼儿合作布置戏台。
2. 部分幼儿分角色表演《三只小猪》皮影戏，其余幼儿观看。
3. 幼儿分批交换进行皮影戏表演。
4. 教师巡回指导：重点指导幼儿在表演过程中将对话与皮影结合。提醒幼儿在进行皮影戏表演时不打闹，注意安全。

三、结束部分

◆ 评选最受欢迎的皮影故事，说说喜欢的理由。

活动延伸

1. 为幼儿提供多个幕布，同时开展游戏。
2. 开展大带小活动，邀请弟弟妹妹观看皮影戏表演。

活动附件

幼儿制作的戏台

幼儿表演皮影戏

（作者：许颖婷）

大班活动　借阅图书

活动目标

1. 制定借书公约，能自觉遵守借书公约。
2. 了解借书卡的内容，尝试使用借书卡借书。

活动准备

1. 物质准备：幼儿事先在区域制作好借书卡、记录笔、记录纸、艺术纸底板等。
2. 经验准备：幼儿参观过图书馆，尝试过借书，了解借书规则；有初步的前书写经验，能用数字或图形符号等表达、记录。

活动内容

幼儿商量、制定在绘本馆借书的借书公约、借书卡。幼儿能在教师的指导下，尝试自主借书、看书、还书。

活动过程

一、导入部分

◆ 幼儿回忆参观图书馆经历：图书分类、借书与还书的方法、存在的问题。

二、基本活动

1. 师幼一起讨论、记录在幼儿园绘本馆借书的规则。

◆ 师：我们在绘本馆应该注意哪些规则呢？

◆ 师：请大家按照小组，把商定的规则通过画画记录下来。

2. 张贴、梳理借书公约，幼儿一起阅读、了解。

◆ 借书公约的主要内容：借书时间（周四）、还书时间（周二）、借书地点、图书管理人员、图书标识记录（图书编号）、爱护图书、破损图书的处理方法等。

3. 推选 2 名幼儿担任图书管理员，学习借书卡的正确记录方法。

（1）指导幼儿按照图书的分类自主选书，并用借书卡排队登记借书。

（2）指导图书管理员按照图书编号、借书时间，准确记录在借书卡上。

4. 幼儿安静、有序地使用借书卡借书、看书。

三、结束部分

1. 幼儿回顾怎样使用借书卡借书、记录。

2. 幼儿说说怎样自主保管好借书卡与借阅的图书。

活动延伸

1. 每周四借书、每周二还书，幼儿可周末带书回家阅读，借书周期为 1—2 周。图书管理员以推选的方式轮流当选。
2. 开展班级图书角、图书漂流活动。

活动附件

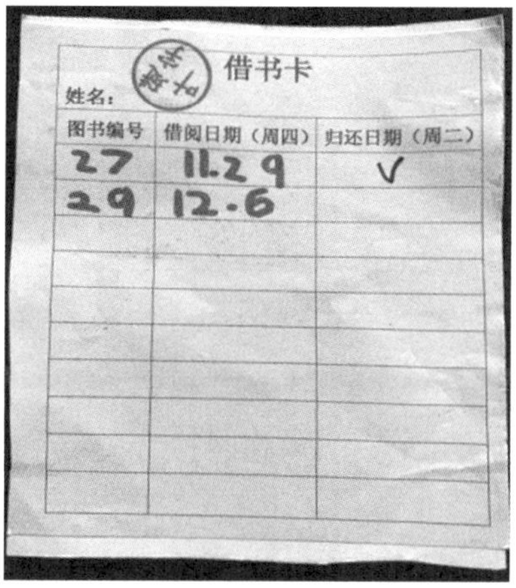

借书卡

姓名：

图书编号	借阅日期（周四）	归还日期（周二）
27	11.29	√
29	12.6	

借书卡

借书公约

（作者：何　丹）

大班活动　最“老”的书

活动目标

1. 了解竹简书的作用及制作方法。
2. 乐意和同伴合作，体验做书的乐趣。

活动准备

1. 物质准备：关于“书的演变”的视频、竹简书、用砂纸打磨过的竹片（有条件可在竹片上打孔，也可用蜡线连接，竹片可用厚度一致的木片代替）、蜡线、颜料、毛笔、记号笔。

2. 经验准备：幼儿了解书在中国古代的演变；有用绳子穿编、打结的经验；有制作连环画的经验。

活动内容

幼儿观看视频，熟悉材料，尝试制作竹简书。

活动过程

一、导入部分

◆ 师：我们来看一段关于"书的演变"的视频，看看古时候的书是什么样子的。

二、基本活动

1. 师幼讨论竹简书的作用及制作方法。
2. 幼儿以小组为单位进行制作，讨论绘画内容。
3. 幼儿4—6人为一组，人手一片竹片进行主题绘画。
4. 小组内尝试用蜡线在竹片两端交叉穿过，然后按照同样的方式把另一端也穿好，制作竹简书。
5. 教师巡回指导：重点指导幼儿围绕主题绘画，学习用蜡线穿编连接竹片。提醒幼儿在用竹片制作图书时注意制作安全。

三、结束部分

◆ 教师展示幼儿制作的竹简书。

活动延伸

可用薄木片代替竹简制作图书。

活动附件

幼儿制作竹简书

幼儿制作的竹简书

（作者：许颖婷）

大班活动　折叠书

活动目标

1. 欣赏各类折叠书，了解折叠书的特点与制作方法。
2. 学习制作折叠书，愿意用图画和符号表现故事情节。

活动准备

1. 物质准备：折叠书、制作折叠书视频、8K 素描纸、勾线笔、水彩笔、蜡笔、美工刀等。
2. 经验准备：幼儿收集、阅读过各种折叠书。

活动内容

幼儿了解自制折叠书的制作方法，尝试制作折叠书。

活动过程

一、导入部分

◆ 教师出示折叠书，了解折叠书的特点。

◆ 师：这是一本折叠书，请仔细看，你们觉得它和其他的书有什么不同？

二、基本活动

1. 了解折叠书具体的制作方法。

制作折叠书底版，先将 8K 素描纸长边一折四、短边一折二，共八格，再将纸中间四格的一条横线用美工刀划开纸，素描纸短边对折后向中间聚拢形成折叠小书。

2. 幼儿学习用折纸、裁纸的方式制作折叠书底版。
3. 幼儿为折叠书设计封面、封底，在书里绘画自己喜欢的事物或故事。
4. 教师巡回指导：提醒幼儿安全使用美工刀。

三、结束部分

1. 幼儿相互欣赏同伴制作的折叠小书，说说折叠书的内容。
2. 幼儿交流制作折叠书中的体会与发现。

活动延伸

1. 参照不同类型的折叠书制作方法，尝试其他方法的折叠书制作。

2. 在班级图书区域，制作折叠书，进行展示、阅读与交流。

活动附件

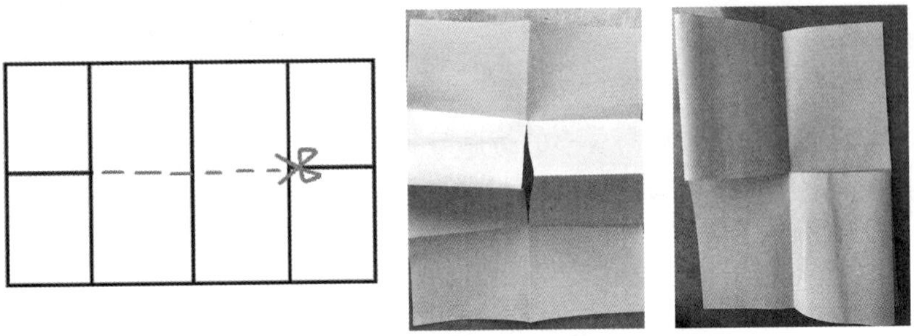

折叠书裁剪图示

折叠书成品

（作者：何　丹）

大班活动　图书装订

活动目标

1. 了解图书的装订形式，知道线装书的制作方法。
2. 能用正确的方法装订图书。
3. 乐意和同伴合作，体验装订图书的乐趣。

活动准备

1. 物质准备：纸、大头针、线、彩笔。

2. 经验准备:幼儿前期了解线装书的制作流程,观看过相关视频;会穿针引线。

活动内容

幼儿集体认识线装书,了解图书装订形式,尝试装订分组图书。

活动过程

一、导入部分

◆ 师:我们一起观看过线装书的制作流程视频。谁来说说线装书是怎么装订的?

二、基本活动

1. 师幼观察了解线装书,讨论线装书制作流程:选择相同大小的纸张叠放在一起—打眼—穿针线—收紧打结。
2. 教师带幼儿讨论线装书的不同加工工艺。
3. 幼儿分组合作制作线装书,完成后在书上创作绘画内容。
4. 教师巡回指导:重点指导幼儿正确打眼穿针,每一次线穿过书后要拉紧。提醒幼儿使用大头针时要注意安全。

三、结束部分

◆ 请每组幼儿代表介绍绘制的线装书,评选最受欢迎的线装书。

活动延伸

线装书制作时,2—3 人一组为宜。后期可在制作完成的装订书上设计绘制绘本故事,完成一本小组或个人的图书。

活动附件

幼儿制作线装书 1

幼儿制作线装书 2

(作者:许颖婷)

大班活动　我的大书

活动目标

1. 了解图画书的基本组成部分。
2. 尝试用绘画、剪贴等方式来创作一本书。

活动准备

1. 物质准备：彩纸、剪刀、白纸、订书机、打孔机、勾线笔、蜡笔等。
2. 经验准备：幼儿有阅读书本、装订图书的经验。

活动内容

幼儿了解书的基本组成部分，创编、绘画、剪贴、装订制作“我的大书”，尝试讲述绘制图书的内容。

活动过程

一、导入部分

◆ 教师出示自制图书。

◆ 师：今天老师带来了一本不一样的图书，这本书是一本自制书，我们一起来看一看，这本图书都有哪些组成部分呢？

二、基本活动

1. 讨论制作图书需要的材料（彩纸、剪刀、勾线笔、蜡笔等）及制作方法（创编、绘画、剪贴、装订）。
2. 幼儿选择合适的材料进行制作，创编故事内容并绘制。
3. 幼儿将图书装订，在图书的封面上添加作者、出版社，在每一页上标上页码，在封底上注明标价等信息。
4. 教师巡回指导：引导幼儿安静制作，不浪费材料。提醒幼儿在制作书时注意安全。

三、结束部分

◆ 教师引导幼儿展示“我的大书”并讲述图书内容。

活动延伸

请教师或家长在画图旁边配上简单的文字及说明，将图画书投入阅读区、绘本馆，让幼儿自主翻阅。

活动附件

幼儿制作的大书

（作者：王依宁）

大班活动　我们的出版社

活动目标

1. 了解出版图书的基本程序。
2. 尝试制作图书并出版。

活动准备

1. 物质准备：幼儿自带的“出版社调查表”、白纸、勾线笔、油画棒、活字印刷材料等。
2. 经验准备：幼儿有自制图书的经验，了解出版社。

活动内容

幼儿在了解图书出版的基本程序后，尝试自己制作一本书并出版。

活动过程

一、导入部分

◆ 师：小朋友们，你们周末都和爸爸妈妈一起调查了出版社。请你们说说什么是出版社，出版社是怎样出版图书的。

◆ 幼儿出示“出版社调查表”，交流介绍。

二、基本活动

1. 幼儿讨论在出版社出版图书所需要的材料。
2. 幼儿与同伴讨论并确定图书的大致内容。
3. 幼儿尝试使用自己喜欢的方法与同伴合作制作一本书(手绘、剪贴、印刷等)。
4. 幼儿为图书设计精美的封面，并在封底处标价。
5. 幼儿完成图书的出版并上架。
6. 教师巡回指导：引导幼儿注意与同伴间的合作。提醒幼儿在制作图书时注意安全。

三、结束部分

◆ 教师引导幼儿说一说自己使用了什么方式来制作出版图书，准备如何推广。

活动延伸

在室内建构或室外建构活动中，引导幼儿搭建出版社模型。

（作者：王依宁）

• 绘本馆活动室外活动设计

小班活动　小书回家了

活动目标

1. 能将图书按照标记摆放。
2. 爱护图书，知道整理图书的好方法。

活动准备

1. 物质准备：图书架、各类图书。

2. 经验准备：幼儿参观过绘本馆，知道图书是有序摆放在书架上的。

活动内容

幼儿进入阅读区，自主选择一本感兴趣的图书，看完后知道按照图书上的标记，找到图书架上跟它一样的标记，将图书整齐地摆放好。

活动要求

图书区 3—4 人。幼儿学习看标记，在书柜上找相同颜色的标记摆放图书。

指导要点

引导幼儿安静地一页一页地翻阅图书，看完之后才将书本按照标记送回指定的地方。书本正面朝上，整齐地放到书架上。

活动延伸

1. 阅读区还可以丰富一些玩偶、手偶、玩具等，引导幼儿按照标记进行有序摆放。
2. 亲子参观图书馆，了解图书的有序摆放。
3. 布置家庭阅读区，引导幼儿按照标记有序摆放、整理图书。

（作者：金燕君）

小班活动　变色鸟

活动目标

1. 感知三原是色红、黄、蓝，对玩色游戏感兴趣。
2. 体验色彩涂鸦的乐趣。

活动准备

1. 物质准备：大树、小白鸟、各种颜色的蜡笔。
2. 经验准备：幼儿听过绘本《变色鸟》，对三原色有一定的认识。

活动内容

幼儿进入美术区，尝试用各种颜色的蜡笔，给小白鸟进行涂色；边涂色边尝试说一说;涂完后,将“彩色鸟”贴到背景大树上。

活动要求

1. 能沿着小鸟的轮廓涂色,尝试选用多种颜色涂一涂。
2. 涂好一种颜色后将蜡笔放回原位,再换一支。

指导要点

引导幼儿用左手按好纸,用右手握笔来回涂色,将小白鸟涂满。幼儿一边涂,一边试着说一说“我给小鸟吃了×色的果子,小鸟变成了×色”。教师提醒幼儿安全使用颜料。

活动延伸

1. 幼儿涂完色,可将小鸟贴到背景大树上,布置环境。
2. 可丰富颜料,引导幼儿玩一玩“颜色变变变”的游戏。

（作者:金燕君）

小班活动　小黄和小蓝

活动目标

观察红、黄、蓝两两混色后的变化,体验玩色的乐趣。

活动准备

1. 物质准备:红、黄、蓝三种颜料水,做好颜色标签的滴管,透明塑料杯,抹布,小水桶。
2. 经验准备:幼儿熟悉绘本《小黄和小蓝》,对三原色红、黄、蓝有初步的认识。

活动内容

幼儿进入美术区,拿一个透明塑料杯,用一根滴管吸一种颜料放进塑料杯,再换另一根滴管吸另一种颜料放进塑料杯,观察两种颜色混色后的变化。

活动要求

1. 人数:1—2人。

2. 注意滴管和颜料的对应，不混用。

指导要点

引导幼儿一次实验只取两种颜料，观察结果后可尝试说一说“小×和小×抱一抱，变成了小×”。提醒幼儿安全使用颜料。

活动延伸

1. 可以提供记录表，请幼儿尝试记录：×色＋×色＝×色。
2. 后续活动中，可为幼儿提供更多种颜色的颜料水，引导幼儿尝试更多种颜料混色的游戏，体验更多混色的变化。

（作者：金燕君）

大班活动　做书签

活动目标

1. 感受书签的不同材料、形状、图案。
2. 能够设计自己喜欢的书签。

活动准备

1. 物质准备：各种手工书签实物或图片、勾线笔、彩纸、剪刀、胶水、树叶、打孔机、绳子等。
2. 经验准备：幼儿了解书签的特点及作用。

活动内容

幼儿欣赏各种不同的书签（实物或图片），感受书签的不同材料、形状、图案，设计制作自己喜欢的书签。

活动要求

1. 幼儿在制作中注意选择合适的材料，特别注意书签的大小要合适。
2. 用剪刀裁剪出自己想要的形状，使用剪刀过程中注意安全。

3. 使用多种方式设计书签，如简笔画、彩纸剪贴、树叶拼贴等。

4. 使用打孔机过程中注意打孔位置居中，将绳子穿过洞后打结制成书签。

指导要点

指导幼儿大胆按照自己的意愿设计书签。提醒幼儿在制作书签过程中安全使用剪刀。

活动延伸

鼓励幼儿在生活中利用一些废旧物品创意制作书签。

活动附件

幼儿制作的书签 1

幼儿制作的书签 2

（作者：王依宁）

中班活动　收集图书

活动准备

1. 物质准备：彩纸、笔、姓名贴。

2. 经验准备：幼儿前期了解社区周边的图书资源。

收集对象和内容

收集自己喜欢的图书，了解社区里的图书资源，感受图书的丰富。

收集前谈话

1. 如何收集图书?
2. 从哪里可以收集图书? 家周围的图书资源有哪些?
3. 注意事项:收集的图书贴上名字带到幼儿园。

收集后汇总、展示、交流和讨论

1. 介绍自己收集的图书。
2. 汇总家周围的图书资源,如图书馆等。
3. 讨论图书馆里的书是如何分类的。
4. 将收集的图书分类,用彩纸制作标签,分类陈列。

活动延伸

1. 开设班级图书馆,将收集的图书分类、编号,幼儿制作借书卡,借阅图书。
2. 如幼儿园附近无图书资源,可收集家庭图书,贴好幼儿姓名带到幼儿园。

活动附件

班级图书馆环境 1

班级图书馆环境 2

(作者:许颖婷)

中班活动　我家的书(一)

活动目标

1. 能参与布置家中阅读区,分类摆放图书,安静阅读。

2. 乐意向同伴介绍家中的阅读区。

活动准备

1. 物质准备：幼儿家中书架或阅读区的照片、视频等。
2. 经验准备：幼儿知道如何分类整理图书，会制作分类标记；在家中和父母共同布置过书架或阅读区。

活动内容

幼儿向同伴介绍自己家中的书架、阅读区，了解图书的分类方式。

活动过程

一、导入部分

◆ 师：幼儿园绘本馆的图书是如何分类、摆放的呢？阅读区是如何布置的？你家里有书架或者阅读区吗？是什么样子的？

二、基本活动

1. 幼儿结合照片、视频，介绍家中的书架、阅读区。
2. 幼儿讨论阅读区如何布置最适合阅读，书架应如何分类。
3. 幼儿投票评选最喜欢的阅读区，并说出原因。
4. 幼儿布置班级阅读区，讨论书架如何分类、编号，方便取放图书。

三、结束部分

◆ 展示班级阅读区，介绍阅读规则。

活动延伸

了解自己和爸爸妈妈喜欢的书，向同伴介绍家中藏书。

（作者：许颖婷）

中班活动　我家的书（二）

活动目标

1. 了解图书的不同特征，能进行简单的分类。

2. 乐意与同伴分享交流喜欢的书。

活动准备

1. 物质准备：幼儿和爸爸妈妈喜欢的书。
2. 经验准备：幼儿知道自己爸爸妈妈喜欢的书。

活动内容

幼儿向同伴介绍自己和爸爸妈妈喜欢的书，说一说自己和爸爸妈妈喜欢的书的不同特征，了解成人与儿童图书的不同。

活动过程

一、导入部分

◆ 幼儿回顾《我家的书（一）》活动，说一说自己家书架、阅读区有哪些书。

二、基本活动

1. 幼儿介绍自己和爸爸妈妈喜欢的书。
2. 幼儿讨论爸爸妈妈喜欢的书与我们喜欢的书有什么不同。
3. 幼儿观察并讨论成人和儿童图书的不同点，寻找适合自己阅读的图书。

三、结束部分

1. 幼儿讨论什么类型的书适合自己阅读，将班级图书角的图书进行分类。
2. 幼儿讨论正确的阅读姿势。

活动延伸

1. 活动可连接到班级图书角内，在幼儿和爸爸妈妈喜欢的书中挑选适合班级阅读的图书，将其分类后摆放在图书角。
2. 评选“最喜欢的书”，指导幼儿选择适合自己阅读的图书。

（作者：许颖婷）

大班活动　纸从哪里来

活动目标

1. 知道纸的由来和制作工艺，感受造纸技术的发展与变化。

2. 乐意用造纸机做再生纸，形成保护环境、节约用纸的意识。

活动准备

1. 物质准备：课件《纸从哪里来》、儿童造纸机、纸浆、再生纸、报纸、废旧打印纸等。
2. 经验准备：幼儿在生活中接触过各种不同种类的纸与纸制品。

活动内容

幼儿初步知道纸的由来，尝试制作纸浆、用造纸机做再生纸，形成环保意识。

活动过程

一、导入部分

◆ 师：小朋友们在生活中见过哪些纸和纸做的物品？

二、基本活动

1. 教师播放课件《纸从哪里来》，幼儿了解纸的由来。

(1) 了解古代与现代的造纸方法，感受造纸技术的发展与变化。

(2) 认识再生纸，知道如何制作纸浆，用造纸机制作再生纸。

2. 幼儿分工合作，尝试制作再生纸。

(1) 了解做再生纸的材料、工具。

(2) 幼儿分工合作，制作纸浆，用造纸机制作再生纸。

3. 教师巡回指导：做纸浆时，要把废旧纸张充分撕碎、发泡、搅拌成糊状。造纸时，纸浆要均匀、饱满地铺在滤网上，盖上纱网，滤水晾干。

三、结束部分

1. 幼儿说一说制作纸浆、再生纸的发现与感受。
2. 幼儿感知纸张的来之不易，从而明白要节约用纸，保护环境。

活动延伸

1. 制作纸浆、再生纸，所需时间较长，可结合区域、日常活动继续。
2. 用再生纸进行绘画，举办环保主题的“再生纸艺术展”。
3. 运用纸浆、花朵、树叶等，在造纸机上制作带花纹的纸。

活动附件

幼儿制作再生纸

幼儿加工再生纸

幼儿制作的再生纸

（作者：何　丹）

大班活动　参观图书馆

活动准备

1. 物质准备：图书馆的照片、视频。
2. 经验准备：幼儿知道进入图书馆的规则。

参观对象和内容

参观图书馆，观察图书馆内图书的分类，了解图书馆借阅规则。

参观前谈话

1. 通过照片、视频了解图书馆的布局，说一说自己对图书馆的认识。
2. 讨论参观图书馆的规则。
3. 提醒幼儿参观时要注意跟好队伍，不掉队。

参观后汇总和讨论

1. 组织幼儿介绍参观图书馆的发现。
2. 帮助幼儿梳理图书馆内图书的分类及摆放方式。
3. 了解图书馆的借阅规则，说一说如何借书、还书。

活动延伸

在班级里开设班级图书馆，并制定班级借阅规则，每位幼儿制作一张借书卡，开展班级图书借阅活动。

活动附件

幼儿参观金鸡湖学校图书馆

幼儿在金鸡湖学校图书馆阅读

（作者：许颖婷）

大班活动　收集最“老”的书

活动准备

1. 物质准备：古代的书以及视频。
2. 经验准备：幼儿知道书的演变史。

收集对象和内容

收集古代的书或视频，感受古代的书与现代的书的不同之处。

收集前谈话

1. 古代的书在哪里？
2. 去哪里可以收集古代的书？
3. 注意事项：将收集到的书贴上幼儿名字带到幼儿园。

收集后汇总、展示、交流和讨论

1. 汇总展示收集的古代的书（木简书、竹简书、木牍书等），幼儿进行介绍。
2. 欣赏古代的书的相关视频。
3. 讨论：古代的书和现代的书对比，制作材料有什么不同？汉字书写方式什么不同？

活动延伸

尝试制作竹简书等古代的书。

活动附件

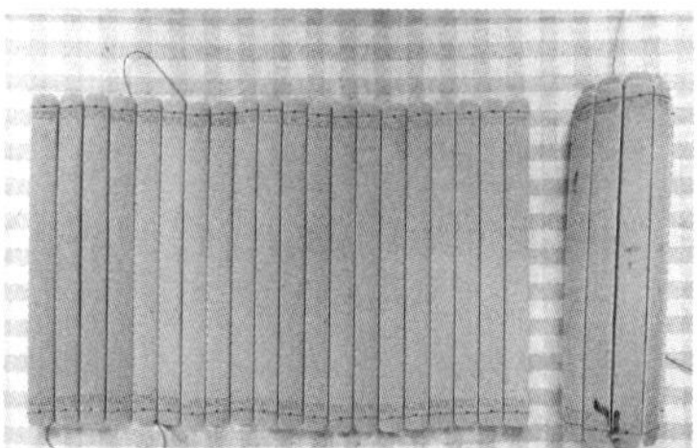

竹简书

木简书

木牍书

（作者：许颖婷）

大班活动　好玩的印刷

活动目标

感受不同的印刷方式，对印刷产生兴趣。

活动准备

1. 物质准备：滚筒印章、海绵印章、KT 板印章、橡皮印章、铅字印刷、颜料、颜料盘、油墨、白纸等。
2. 经验准备：幼儿了解活字印刷术。

活动内容

幼儿选取印刷材料，探索不同材料的不同印刷方式，体验印刷的快乐。

活动要求

1. 幼儿在尝试印刷时，注意不混色，用完后擦干净。
2. 幼儿体验印刷的过程，探索不同材料的不同印刷方式。

★ 滚筒印章：将滚筒印章在颜料盘里蘸一蘸、滚一滚，蘸满颜料后，在白纸上滚动印刷。

★ 海绵印章：将颜料均匀涂在海绵印章上，倒扣在白纸上印刷。

★ KT 板印章：在 KT 板凸起的图案上涂上颜料，将白纸倒扣在 KT 板上，压一压。

★ 橡皮印章：使用橡皮印章在印泥或颜料中蘸取，敲印在白纸上。

★ 铅字印刷：将油墨均匀地刷在铅字印章上，将白纸倒扣，印一印。

3. 关注印刷的效果，发现印刷内容与印刷工具之间的关系。

指导要点

指导幼儿探索不同材料的不同印刷方式。提醒幼儿注意印刷工具使用安全。

活动延伸

尝试使用纸板、橡皮、KT 板等自己制作印刷工具，与同伴合作制成一本印刷小书。

活动附件

幼儿用滚筒印章印刷

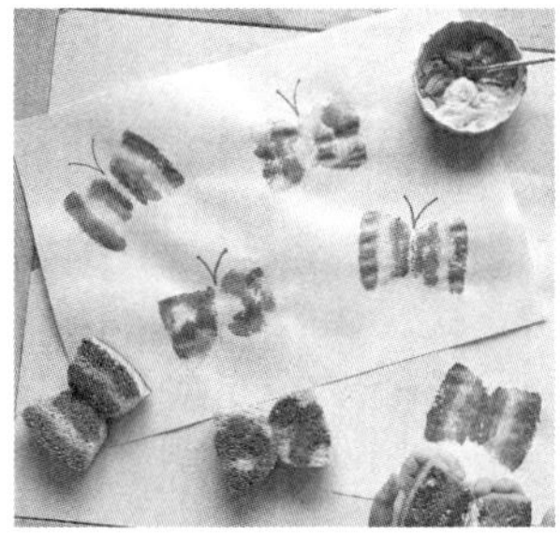

幼儿用海绵印章印刷

幼儿用 KT 板印章印刷

幼儿用橡皮印章印刷

幼儿用铅字印章印刷

（作者：王依宁）

大班活动　　文字的演变

活动目标

1. 了解汉字的起源，知道汉字是从象形字演变而来的。
2. 对汉字产生兴趣。

活动准备

1. 物质准备：象形文字和汉字卡片若干、汉字演变动画。
2. 经验准备：幼儿接触过汉字。

活动内容

幼儿在了解汉字的起源后，通过猜一猜、配对游戏，加深对于文字的兴趣。

活动过程

一、导入部分

◆ 师：你们知道汉字是怎么来的吗？猜一猜，象形文字是怎么变成汉字的。

二、基本活动

1. 幼儿欣赏汉字演变动画。
2. 猜一猜：教师出示象形字，幼儿猜一猜是什么汉字，并尝试说出理由。
3. 配对游戏：找朋友(幼儿人手一张卡片，将象形字卡与汉字卡配对，教师引导幼儿说：我是象形字……我是汉字……)。

三、结束部分

◆ 教师鼓励幼儿努力学习汉字，感受中国汉字的神奇魅力。

活动延伸

将象形文字相关图书及卡片投放在语言区中，幼儿自主翻阅。

(作者：王依宁)

大班活动　图书展

活动目标

1. 能与同伴一起参与布置“图书展”。
2. 感受制作图书的乐趣和成就感。

活动准备

1. 物质准备：展柜、幼儿自制大书、贴纸、笔、彩纸、剪刀。
2. 经验准备：幼儿有一起合作布置实习场的经验及分类摆放的经验；幼儿已做好分工(搬展柜1组、图书分类2组、制作分类标签1组、编号1组)。

活动内容

整班幼儿按照分工布置“图书展”，给图书分类、做分类标签、给图书编码。布置结束后，幼儿自主阅览图书，并根据自己的喜好用贴纸进行投票，票数最多的图书则是“图书明星”。

活动过程

一、导入部分

1. 幼儿讨论确定好班级“图书展”场地。

2. 幼儿按照分工开始布置图书展，搬好展柜。

二、基本活动

1. 幼儿分工做准备：给图书分类、做分类标签、给图书编码。

2. 幼儿自主欣赏、阅览各类图书。

3. 幼儿给喜欢的图书投票，贴贴纸。

三、结束部分

1. 评选票数最多的“图书明星”。

2. 幼儿说说喜欢某本书的理由。

活动延伸

1. “图书展”可选在班级阅读区或附近，幼儿可以利用课余时间进行翻阅、阅读，给幼儿更多欣赏和讨论的时间。同时，班级阅读区可增设“制作图书”的内容，鼓励幼儿制作更多感兴趣的图书。
2. 可利用餐后的散步时间，邀请年级组的其他班级幼儿来观摩、欣赏图书，为喜欢的图书投票。

（作者：金燕君）

第七章　幼儿园公用活动室活动组织策略

在公用活动室活动中，很多人还停留在公用活动室活动是幼儿走出教室到另一个单纯玩的空间的层面上。这就导致教师忽略了公用活动室的教育价值。公用活动室不仅仅是幼儿园的配套设施、游戏的空间，更是推进幼儿全面、和谐发展的活动场景。

一、坚持用整合的思想，组织公用活动室活动的内容

在实践中，我们多角度、多层面地对公用活动室活动进行思考，公用活动室活动内容的设置根据幼儿的兴趣、生活经验、文化特色得以延展，公用活动室活动内容既有不同空间、不同领域的整合，又有不同形式的整合。

（一）整合不同的空间，组织公用活动室活动的内容

公用活动室活动不是单纯的、固定的活动，也不仅仅是着眼于公用活动室本身的活动。我们时常会根据幼儿活动的需要、活动的发展进行空间上的调整，打破公用活动室与教室、户外活动及公用活动室之间的活动界限。第一，公用活动室是班级之外的综合型的公用场地，具有拟真的环境，幼儿在公用活动室里的体验感更强，公用活动室使得区域活动得到延伸。第二，公用活动室能解决幼儿在活动中遇到的问题。如幼儿在户外种植园地，发现刚长秧苗的丝瓜因为缺少攀爬架而趴在地上生长的情况，幼儿马上就联想到去木工坊钉一个丝瓜攀爬架，好让丝瓜秧苗顺着攀爬架往上生长。这种“破戒”模式使得公用活动室活动更贴近幼儿生活，推进了公用活动室活动的纵深发展。

（二）整合不同的领域，组织公用活动室活动的内容

杜威说过：“幼儿对所经历的事物的学习不是分门别类地去感受和认识。”这就是说幼儿的学习是整体性的。公用活动室活动并不是每次活动都涉及五大领域，而是会根据公用活动室的特点各有侧重，尽可能把活动涉及的领域或知识经验连接在一起，使幼儿更容易掌握，促进幼儿个性化、综合化的全面发展。

(三) 整合不同的形式，组织公用活动室活动的内容

公用活动室活动不是统一的、集中的学习活动，它有别于集体教学活动。根据不同公用活动室的空间布局、环境特点、教育价值，教师和幼儿在公用活动室里开展活动的形式是多种多样的，通常以集体、小组、跨班等形式组织活动，满足幼儿认识事物、探索操作、社会交往等需求。例如，大班幼儿在儿童体检中心里采用集体活动的形式学习体检，之后，采用跨班形式，大班幼儿扮演小医生为中班幼儿体检，该活动既发展了幼儿测量的能力，又促进了幼儿之间的社会交往，提升了活动的质量。

(四) 整合不同的来源，组织公用活动室活动的内容

公用活动室活动不全是教师预设的，当幼儿在初期接触公用活动室时，教师会预设一些认识、操作的体验活动，让幼儿尽快熟悉公用活动室的场地、了解公用活动室的活动规则等。但是，在开展公用活动室活动中后期，引发的公用活动室活动内容是多种多样的。因此，我们通过梳理活动，归纳出如下几种来源。

1. 公用活动室设施材料引发的活动

幼儿进入公用活动室后，公用活动室里的各种专业器材就有了教育价值。幼儿被这些平时可能被家长禁止触摸或见所未见的器材所吸引，不自觉地想去摆弄、探索器材的奥秘。他们想知道这是怎么玩的，如对于木工坊里的小锤子、钻孔器这些工具，幼儿爱不释手，迫不及待地想去试一试，于是教师根据幼儿实际操作的情况，开展相关活动，满足幼儿游戏的愿望；同时，幼儿也体验了器材的操作方式，获得了操作的经验。

2. 主题引发的活动

虽然公用活动室是幼儿园里相对独立的学习环境，但是公用活动室活动实现了与课程相结合的关系，帮助幼儿增加了体验感受。如在学习大班主题“我家周围的房子”时，幼儿调查到了各种各样的房子，并设计自己心中的房子造型，幼儿利用废旧物品造了小房子，后又萌发了想要造大房子的想法。随后幼儿就进入木工坊用木板、木条拼搭起了一座真正的房子。

3. 日常生活引发的活动

教师在组织公用活动室活动时充分考虑了幼儿的生活实际、文化背景，这为组织公用活动室活动提供了可能与发展。如：幼儿每天入园都要刷卡，有的幼儿的入园卡因磨损过度看不出卡的原貌图案或不能使用，教师便适时引导幼儿思考如何保护入园卡，幼儿联系实际，联想到爸爸妈妈上班时会在卡上加一个卡套，于是，幼儿就有了去布艺坊做卡套的活动。此外，时令习俗与幼儿生活息息相关，如在每年的清明节前，大家都会做美

味的青团,幼儿也在制作青团的过程中体验了民俗文化。

总之,教师要仔细观察幼儿当下的话题、兴趣点、与幼儿相关的文化背景,思考是否能与公用活动室活动产生联系,进而与公用活动室活动对接。公用活动室是各类活动开展的重要途径,能让幼儿成为积极、主动的学习者。

二、 开展多样性的教研活动，引领公用活动室的活动

在开展公用活动室活动的过程中,我们运用教研引领的方式,注重研讨问题,寻求解决策略来提高公用活动室活动的质量,积极发挥教研活动的引领、交流、学习的作用,满足各层次教师的学习需要,培养教师理性思维和独立思考的能力,推进公用活动室活动的深入开展。我们重点建构出以下几种教研模式。

(一) 体验式教研

体验式教研,即教师在组织幼儿进入公用活动室前,自身先通过动手操作,学习掌握一些工具的操作方法、活动的基本步骤等,建构相关的知识、技能,消除教师本身对公用活动室的陌生感与困惑,同时提前预设幼儿在活动时可能会产生的问题。我园改变以往"重研讨轻实践"的状态,定期组织教师进入公用活动室操作体验,将如何使用公用活动室里各类工具方法作为公用活动室开设初期的培训重点,让教师在实践中获得切身感受,启发教师对公用活动室活动的开展形式、其对幼儿产生的意义等进行思考。如:在建设布艺坊初期,教师们非常不理解为什么要建立布艺坊,并产生了"针针线线"是否适合孩子们游戏的疑惑。我们通过体验式教研活动组织教师进行刺绣、扎染、缝纫、编织体验。同时,请教师思考:孩子们是否适合进行操作活动?这些活动孩子是否会喜欢?在这些操作活动中,孩子们的哪些方面得到了发展?带着一系列的问题,教师们操作体验后有感而发,增进了对布艺坊公用活动室的了解。

(二) 问题式教研

问题式教研是指在一定的时期内,围绕着某个公用活动室,征集教师在开展活动过程中遇到的具体问题,教研组经过问题筛选与分类后,聚焦大家当前最为关注的问题,通过共同研讨分析,寻找出解决的策略,这成为解决公用活动室问题的有效途径。如:教师在带领幼儿开展木工活动时,遇到幼儿在操作工具时不能正确地将木头锯下来、在钉钉子时用长钉子还是短钉子等问题时,教师会对要不要立即介入教孩子使用正确的操作方法而产生疑虑。"教"是最为直接省时的方法,但这样做会不会剥夺了孩子探索的机会呢?

教研组带着教师们一起来思考教师的指导策略，梳理出一些思路：(1) 当幼儿操作存在安全隐患时，要及时地进行指导；(2) 可以通过集体分享照片、视频等，带领幼儿一起寻找解决策略；(3) 还可以带着幼儿一起求助网络建构相关的知识；(4) 提供适宜大小的木块、方便幼儿使用的工具。以问题为导向开展的教研活动，抓住了教师的需要，帮助教师解决了普遍的、本质性的问题，教师也乐意学、主动学。另外，我园的公用活动室活动的质量也在不断地提升。

(三) 观摩式教研

教研活动的内容应源于教育实践，解决实践中的问题，还应利用教研活动搭建教师之间相互研讨与交流的平台。观摩式教研即教师在观摩某个公用活动室现场活动中的执教老师的组织模式、投放的材料、师幼互动的现场表现后，大家交流观摩体会，学他人之长，勤补自己的短处。用观摩的方式将带头教师开展公用活动室活动的新思路、新方式，用以点带面的形式辐射全园教师。如：公用活动室活动如何与我园现有的课程对接是我们研究的重要方向，但在研究的过程中，教师越来越感觉到组织公用活动室活动非常盲目，产生了“为了活动而活动”的想法。于是年级组长、骨干教师运用“试点班级”为老师们起到了引导作用。如在中班“美丽的丝绸”主题下，孩子们体验了饲养蚕宝宝及各类蚕丝制品的信息，年级组长以布艺坊活动为契机，围绕这个主题开展了相关布艺坊活动。幼儿身着小旗袍、小马褂走进布艺坊与环境相映衬，幼儿将蚕茧引入布艺坊进行缫丝活动，还有幼儿体验刺绣活动。孩子们专心、耐心的活动状态深深震撼了在场观摩的教师。这种观摩式的教研活动极大地增强了教师开展布艺坊活动的信心，教师带着问题继续开展研究。

(四) 专题式教研

如果说“观摩式教研”是发挥幼儿园骨干教师的中坚力量，那么，专题式教研就是发挥集体教师的智慧，集思广益，教师在观念的碰撞与交流中达成新的共识，在摸索与实践中寻找解决问题的途径。专题式教研既注重学习理论，又注重解决实际问题、总结经验。如：教师困惑于如何利用资源切入公用活动室开展活动。因此我们以公用活动室儿童保健馆资源做全方位、多层次的挖掘，进行专题式教研。首先，链接与“儿童保健馆”相关的园所植物资源名录；其次，组织老师们开展“头脑风暴”，讨论如何运用幼儿园的现有植物资源与儿童保健馆活动进行对接；最后，我们会讨论活动中需要哪些工具、材料来支持活动的开展。在这种轻松、自由的专题式研讨中，教师立足实际，讨论出很多实用的建议，这样的专题研讨帮助教师对活动的思考模式从碎片式向整体框架逐步提升。

（五）伴随式教研

作为一线教师，受教育水平等各种因素影响，我们的视野与理论高度相对有限，在公用活动室活动开展的过程中，专家的指导成为重要保证。专家“把脉”，能及时纠正教师的错误行为，输入正确的教育理念，将理论知识化为生动的实例。如：儿童体检中心公用活动室里，小医生的尺子斜压在体检者的头顶，小医生报出的身高读数低于实际身高，指导教师干着急，正想走过去纠正，专家导师一把拉住她，让她等等看，结果有幼儿意识到小医生测量的方法不准确，于是师幼又开展了“你是怎样测量身高的”“什么是正确的测量方法”等活动，幼儿很快掌握了正确方法。

（六）分享式教研

教研活动是集体进行学习、研究的活动，我们改变了以往空谈理论的被动模式。分享式教研旨在发挥教师主动研究的积极性，将自己的研究现状进行分享，把优质的研究辐射到全园，带动大家学习。我们运用“亮点分享会”的模式，分享各自的研究成果，包括活动的切入点、实施策略、研究成果等。如：木工坊里，大班幼儿在“宝贝旅行记”主题下结合自己旅行中乘坐的交通工具生成了制作小飞机的活动，幼儿采用设计、选材、测量长短等方式完成自己的制作。教师在期末“亮点分享会”中分享了这个活动，也给了其他教师很多启发。

三、关注活动的生成，让公用活动室活动成为课程的再生资源

公用活动室活动与课程内容两者相互支持、相互促进。在主题开展的过程中，随着主题进展和幼儿兴趣、需要、认知等变化，主题还能生成新活动，我们将新活动延伸至公用活动室中进行，这样使得课程在原有基础上不断优化。同时，公用活动室作为优质的课程资源，能生发出新的活动，这也优化了课程，促进了幼儿的深度学习。这既显示了公用活动室内容的多样性，又丰富了课程的内涵，使课程开展更加深入。

另外，在开展公用活动室活动的过程中，还会不可避免地出现偶发事件，如何看待、利用偶发事件，更好地为幼儿的学习发展服务，提高幼儿解决真实事件中出现的问题的能力，也是我们教师一直在思考的问题，有时，抓住偶发事件的教育契机就能发挥公用活动室的教育价值。

四、结合本地文化资源，丰富公用活动室活动的材料和内容

《指南》指出，幼儿“能感受到家乡的发展变化并为此感到高兴”。这就是说，教育者要运用幼儿喜闻乐见和能够理解的方式激发幼儿爱家乡、爱祖国的情感。在公用活动室活动中，我们也充分考虑到了本土文化的资源对开展公用活动室活动的作用，把有关内容转化为直观的、形象的、具体的、可感知的情境，不断丰富公用活动室材料和内容。

1. 建筑文化：江南水乡粉墙黛瓦、花窗翠竹的美景引起幼儿的注意，在苏州园林游玩时，幼儿被精美的漏窗所吸引，对漏窗的花纹、造型感兴趣，幼儿萌发了要制作漏窗的想法。于是他们带着自己的设计图到木工坊里做一做，各种造型特别的、不同材料的漏窗便展现在我们眼前。除了木料外，幼儿还运用毛根、毛线、皮筋、麻绳制作了漏窗。

2. 工艺文化：布艺坊里摆放着大型的绣架与绷凳，幼儿看到这些十分好奇，于是，教师便组织幼儿在布艺坊体验刺绣。红红的锦缎绣着大大的“福”字，挂在班级里特别好看，幼儿体验着苏州的刺绣文化。

3. 饮食文化：我们还从幼儿感兴趣的“吃”入手，如采芝斋的糖果、黄天源的糕等，鼓励幼儿认识这些食物，延伸出在美食坊中揉面团、剥果肉，亲自动手制作美食。

4. 戏曲文化：在视听室里，幼儿欣赏昆曲后，也穿上戏服进行昆曲表演，学一学昆曲演员的动作。在发现昆曲演员还有精美的头饰后，幼儿也想给自己做漂亮的头饰，于是，幼儿便在布艺坊里制作了头花。

本土文化在公用活动室活动中得到充分的运用，成为公用活动室活动的另一个重要资源。教师从优质的本土文化中挖掘合适的内容，考虑活动的适宜性，根据这些活动的需要丰富公用活动室的材料，满足幼儿的活动兴趣、体验活动，更是向幼儿传递了家乡美、爱家乡的情感。

五、利用家长资源，开展导师制的公用活动室学习活动

公用活动室活动有其较强的专业性，幼儿教师的知识结构不足以支撑公用活动室活动时，就需要专业的人员给教师与幼儿进行指导，因此，我们充分挖掘有相关特长的家长参与到公用活动室活动中来，成为某公用活动室的导师，来园进行指导、示范等活动，以弥补教师知识结构的不足。如：建筑设计师爸爸、绣娘妈妈、牙医爸爸、会踩缝纫机的奶奶，这些导师家长打破了教师教的固定模式，丰富了公用活动室的活动内容，更好地满足了幼儿的兴趣需要。同时家长在参与活动的过程中，也直观体验了教师的工作，家园的配合度也大大提高。

六、 让博物意识融入公用活动室的环境创设

在公用活动室中，我们不仅重视丰富幼儿的知识经验，增强幼儿的探究学习的能力，还重视培养幼儿的博物意识。在公用活动室环境中，我们注重收集与相应公用活动室相关的物品。如：美食坊中摆放的石磨、石臼、筛子；绘本馆里的打字机、竹简、甲骨文模型；布艺坊中的老式缝纫机、织布机、染缸；等等。幼儿在与这些物件的使用、互动中，进行浸润式的欣赏、体验、探索，在这个过程中我们也注重这些物品的迭代更新，通过丰富的材料展示等帮助幼儿逐步萌发并形成博物意识。幼儿在体验中感知着现代技术给我们生活带来的变化，人类的技术越来越先进，给我们的生活带来了许多便捷，这也得益于我园公用活动室带给幼儿的成长价值。

（杨　艳）

第八章　幼儿园公用活动室管理

我园公用活动室活动内容丰富，形式多样，为幼儿的全面发展提供了广阔的机会，也为我园课程发展提供了丰富的资源。构建完善的公用活动室管理制度，进行科学有效的管理是我园公用活动室活动顺利开展的重要保障。秉持以儿童为本的理念，我园通过各类活动逐步完善着公用活动室的制度。在不断创新、优化公用活动室管理的过程中，我们梳理了我园公用活动室的管理内容、管理原则、管理制度及人员管理模式。

一、幼儿园公用活动室的管理内容

切实做好我园公用活动室管理工作，是幼儿能够进入公用活动室正常游戏的前提。我园公用活动室管理工作包含的内容十分广泛，幼儿游戏的空间、时间、组织形式、设备工具、材料投放、人员、经费等都包含在我园公用活动室的管理工作范畴中。

（一）空间的管理

每个幼儿园都有自己的场地条件和特色，幼儿园公用活动室创设时应结合园所条件、特色充分利用原有空间、环境特点来进行。

第一，根据公用活动室要容纳的幼儿活动人数及活动需要等来确定公用活动室的空间，例如儿童体检中心要兼顾到大带小的体检活动，两个班级的幼儿要在同一空间游戏，所以儿童体检中心空间需求较大。有的公用活动室还须考虑房间的排水管道、用电排线、阳光等因素，如布艺坊、美食坊需要有排水管道，绘本馆要选择光线充足的房间。

第二，当幼儿园公用活动室空间布局受限时，可以充分合理地运用园所环境，如走廊、平台、墙面来扩充。如：木工坊位于二楼平台，原面积为 30 平方米，预设 15—18 名幼儿进入游戏。如果按每班两周轮一次游戏，幼儿每月只能轮到一次游戏机会，这样的游戏频率对幼儿来说相对稍低，很难满足课程实施和幼儿实践探索的需要。为了容纳更多幼儿，我们充分利用木工坊门口的二楼平台，将其与室内平台融为一体。这样一来，整班幼儿可同时在木工坊活动，提高了幼儿在木工坊的活动频率。

（二）时间的管理

幼儿参与每一次公用活动室活动都需要充分的时间，因此，幼儿园公用活动室的时间管理显得尤为重要。

首先，幼儿园公用活动室的游戏时间安排要参考园所幼儿一日生活作息，满足动静交替的原则。其次，需要合理规定有关幼儿进入公用活动室的游戏频率，幼儿进入公用活动室的频率要与课程活动、户外游戏、区域游戏、角色游戏相兼顾平衡。最后，根据不同公用活动室的活动特点来安排游戏时间。例如：儿童体检中心游戏中，幼儿每次要完成不同项目测量，同时对测量的数据（体检记录单）进行交流讨论，统计展示。这一学习过程需要较长时间的支持，因此儿童体检中心的活动时间一般安排为每次 90 分钟。

（三）组织形式的管理

幼儿进入公用活动室游戏的组织形式是多种多样的，有小组、集体、个别等形式，这主要是根据公用活动室场地的大小、工具材料的数量等来确定选择某一种形式。无论是哪种组织形式，都需要班级保教人员事先进行合理的计划。

（四）设备工具的管理

各类设备对我园公用活动室来说是必不可少的，正是这些仪器设备为幼儿提供了拟真的游戏环境，有利于让幼儿获得更多操作体验。因此在仪器设备的管理中，一些便于幼儿操作的工具设备可以采用开放式的呈现方式，让幼儿能够自主取放。此外，从安全角度考虑，一些需要教师看护使用的工具设备则是采用固定地点收纳管理的方式，如烤箱、电动榨汁机、热熔枪、电锯等。如若发现仪器设备出现损坏情况，相关负责人应及时向管理员反映情况并联系维修、更新，同时定期邀请物业维修人员对幼儿常用的仪器设备进行检查，消除安全隐患。

（五）材料投放的管理

不同幼儿园公用活动室所需要的材料不尽相同，我园公用活动室的正常开展依赖于各类材料的有效投放，因此形成了有效的材料管理模式。

第一，管理员定期、定量采购使用数量较多的材料，如布艺坊的布料、毛线、染料等，这些材料通常在每学期期末做好采购预算，在新学期开始前由相关负责人完成采购并入库。

第二，我园长期收集各类材料。除幼儿园公用活动室提供的公共材料以外，每个班级也会充分挖掘周边、家长等资源收集废旧及自然物等材料，如树枝、树叶、花卉、纽扣、雪糕棒、一次性筷子等，教师会对收集来的材料做好整理分类，便于幼儿在游戏中投放使用。

（六）人员的管理

幼儿园的人员配备相对固定，很难有多余人员来进行公用活动室的管理工作，因此全园自上而下参与管理的模式应运而生。幼儿园行政人员负责公用活动室管理制度的制定、日常督查与定期考核。公用活动室管理员负责材料的采购入库和定期投放，设备的检查、维修与更新，还有公用活动室环境的保持等。后勤、保洁人员负责幼儿园公用活动室的日常消毒、卫生清洁工作。教师在活动中也努力培养幼儿的主人翁精神，鼓励幼儿积极参与游戏材料的整理。

（七）经费的管理

稳定的经费来源是保障我园公用活动室稳定运营的基础。经费预算的依据一方面来源于我园公用活动室的财产登记清单，每年两次对公用活动室的固定财产进行检查核实，做好新增器材的预算；另一方面来源于管理员对使用材料数量种类的定期统计数据，从而将经费的使用控制在合理的范围内。因此在经费保障的前提下，有效地进行经费管理能够切实降低幼儿园公用活动室运行的成本，避免浪费。

二、幼儿园公用活动室的管理原则

（一）目标性原则

我园教师以《指南》为依据，认真梳理各个公用活动室的经验目标，教师在组织、分析活动时均要从我园公用活动室的经验目标出发。

幼儿园公用活动室管理的目标：第一，立足幼儿发展，满足不同幼儿的学习发展需要。第二，满足课程开展的需要，让课程活动的开展形式、内容更具丰富性。第三，保证我园公用活动室在空间、时间、材料上的合理分配。第四，形成完善的管理制度，好的管理是边管边理出来的。因此只有时刻以管理的目标为准绳，用目标检测我园公用活动室活动的实施过程，才能不忽略实施过程中的动态管理，让每个公用活动室都能良性运转。

（二）发展阶段性原则

在活动中，教师也对不同年龄段的幼儿进入各个公用活动室进行了划分。布艺坊、木工坊、精工坊的游戏内容对幼儿的手部精细动作要求都比较高，这些公用活动室主要是中大班幼儿进入活动。在幼儿园公用活动室活动的组织过程中，教师们认真观察，不断思考，虽然没有统一的标准，但是他们对于游戏内容、游戏频率、游戏场地材料的不同划分，始终都秉持以幼儿为本、注重幼儿发展的科学理念。

（三）建构性原则

适宜幼儿学习的公用活动室是要能满足幼儿园课程发展需要，能不断提升幼儿学习经验的，因此它不是一成不变的。我园公用活动室的开展情况受到园所建筑条件影响，活动初期教师主要根据公用活动室面积大小来决定多少幼儿进入，如儿童体检中心、布艺坊、绘本馆面积较大，就会组织幼儿整班进入活动，而木工坊、精工坊等面积相对较小，就会组织半班幼儿进入活动。看似科学合理的安排，却让教师们在活动组织中面临许多问题，如：布艺坊由一整套教室改造而成，划分成了印染、缝纫、刺绣、编织等活动区域。教师在实际活动组织过程中发现，布艺坊中各个区的游戏难易程度不一，整班幼儿在布艺坊中活动人数过多，不利于教师有效指导。为了改变这一现状，我们让一部分幼儿在与布艺坊只有一门之隔的泥工坊活动，这样整班的幼儿在靠近的两个区域活动，人员实现了分流。由此可见，我园在公用活动室的空间管理、时间安排、幼儿游戏安排等方面始终秉持着不断建构的原则，并不断优化合理。

（四）多主体参与原则

我园公用活动室的管理人员包括行政人员、兼职管理员、后勤保洁人员、教师及幼儿，需要自上而下的协同管理。我园公用活动室的管理更是师幼一体、共同参与的管理。

第一，管理好公用活动室的材料、工具等不仅仅是管理员和教师的任务，也是幼儿的任务。如我们在木工坊提供了工具箱，工具箱中配备了一份必备工具，包括小锤子、锯子、防护手套、护目镜、围裙等。每次活动开始前，幼儿都知道要拿取工具箱，穿戴好护具围裙，再开始活动。活动结束后幼儿也会整理工具箱，并协助老师一起整理其他的工具材料。这样的形式很好地提高了幼儿的收纳管理意识，幼儿也在穿戴护具、收拾整理工具的过程中提高了精细动作、数学、合作等多方面的能力。

第二，幼儿作为活动的主体，参与了规则的制定。如在儿童体检中心大带小活动中，大班小医生发现经常有中班的弟弟妹妹没有完成所有的体检项目，观察讨论后他们得知是有的中班弟弟妹妹对体检项目不熟悉，不知道项目对应的区域在哪里，所以漏检了一些体检项目。于是大班小医生制定出了新规则，并在每个体检区都贴上醒目的数字标记，与体检单上的体检项目对应，中班弟弟妹妹在离开体检中心时需要检查自己的体检记录单上所有的项目是否都完成了，这一新规则的制定很好地解决了中班幼儿漏检的问题。

（五）计划与弹性相结合原则

作为课程实施的重要资源，我园公用活动室的时间安排和使用频率也成了我们长期思考调整的内容。本着灵活开展公用室活动的初衷，我园从 2016 年 9 月开始尝试公用活动室的预约制度，每周在年级组课程审议后，教师会根据班级主题的进展情况来进行活动室的预约。经过一学期的预约制度实践，我们发现这种预约的确能够为课程的开展提供延展的空间，让班本课程开展得更加深入，但在实际预约过程中也发现了一些问题：如有的班级一周约了三次美术公用活动室，而有的班级一周都没约到一次，这造成了公用活动室在使用频率上的不平衡。在总结经验问题的基础上，我园结合幼儿一日作息，对公用活动室进行了统筹安排，兼顾了每个班级对公用活动室使用的均衡。在开展公用活动室活动的过程中，我们也会根据班级的一些特殊情况进行弹性灵活调整。

三、幼儿园公用活动室的管理制度

为了做好我园公用活动室的管理，制定切实的管理制度是实现这一目标的基础。通过审议，我们不断完善并形成了公用活动室在安全、卫生、申购、保管发放、督促检查五个方面的管理制度。

（一）安全制度

我园公用活动室中的各种工具要摆放在固定的位置，各类工具要有明显的使用说明。幼儿园公用活动室管理员要定期对各类工具进行检查，及时维修、更新。在幼儿进行活动时，教师要对幼儿进行安全教育提醒。活动中一旦出现意外，指导教师要及时带领幼儿去保健室进行处理。

（二）卫生制度

我园切实保证各个公用活动室的卫生状况。后勤保洁人员每天清扫和定期消毒，确保活动材料的干净、环保和卫生，并做好相应的卫生检查记录。如果有班级幼儿出现传染疾病，整班幼儿就不能进入公用活动室游戏。

(三) 申购制度

幼儿园按要求建立我园公用活动室资产账，做到账账相符，并每学期进行一次清对核资。我园公用活动室管理员负责工具材料的申报采购。每学期末管理员做好采购预算，将其交由园长批示。园长批示同意后，管理员填写申购单，由专人在政府采购网进行采购，若政府采购网无该物品，则由管理员在能开具正规发票的商家进行采购。采购完成后，管理员凭发票到会计处报销。

(四) 保管发放制度

我园公用活动室管理员负责登记审核工具财产等清单，每学期采购的工具材料由管理员及时入库登记，随后按需领用到各公用活动室。我园公用活动室的器材一般不外借，如遇班级教学需要借用工具器材时，必须经得管理人员同意后履行领用手续，并在规定的时间内归还。任何人造成幼儿园公用活动室工具材料损坏或丢失，都应按其损失金额照价赔偿。

(五) 督促检查制度

我园每日行政值班教师会做好我园公用活动室的巡视工作，对公用活动室的安全、环境、材料、工具、卫生等方面进行督查，发现问题及时向管理员反馈。管理员也会定期检查自己分管的公用活动室，并填写检查情况表。幼儿园行政会对各个公用活动室的管理员采取定期考核，每学期奖励责任心强、工作细致的管理员。

四、 幼儿园公用活动室的人员管理

在我园公用活动室管理过程中，师幼一体、团队协作、幼儿园自上而下全员共同参与管理，使得各个幼儿园公用活动室能够良性稳定地运转，增强了师幼的主人翁责任感。

园长牵头的行政组统筹规划我园公用活动室的各项管理制度，并及时将制度上墙，让教师明确各项制度，同时形成每天巡视的机制，发现问题及时与管理员反馈并调整。每个公用活动室都需要专门的管理人员。幼儿园教师数量配比有定额，在无法额外增加教师的前提下，我们每学年会按年级组进行公用活动室管理员的分工。每个楼层的公用活动室会由相应的年级组负责，每位老师都兼职管理一个活动室，担任管理员，建立起了专兼职的管理队伍(如表 8－1)。

8－1　教育幼儿园公用活动室管理分工安排表(2022.3—2022.6)

一楼:布艺坊:★程玉琳
泥工坊:★杨琪
二楼:绘本馆:★王依宁 杨峥敏
视听室:★倪俊
美术室:★蒋静雯
音乐室:★冯雅晶
科发室:★张馨韵
精工坊:★赵苗成
木工坊:★兰道丽
美食坊:★凌凤琦(保健医生管理餐厨具和调味料)
儿童保健馆:★何丹
三楼:建构室:★徐慧玲、卢音
体检中心:★姚方泽慧
姓名前带★的教师负责公用活动室材料的申购、领用。
幼儿园所有公用活动室卫生由幼儿园保洁员每日负责。

每位管理员都有自己明确的管理职责,定期进行公用活动室环境检查,如发现问题会联系当天使用公用活动室的班主任进行清理。另外,管理员每周会进行一次幼儿园公用活动室工具材料检查及材料外借工作,如发现破损,会及时修补。幼儿作为幼儿园的小主人,在每次活动后也会做好对材料的收纳整理、环境创设等工作。

总之,自上而下层层配合的管理机制才是有效的管理,幼儿园公用活动室良性地运转需要行政、管理员、教师、幼儿、后勤人员多层次的有效监督和配合,幼儿园公用活动室活动的有效开展也促进了管理的创新性和实效性。

(王　赟)

附:公用活动室使用制度

我园在逐步完善了各个公用活动室制度后,将制度上墙,便于教师参照,保证公用活动室的有效管理与使用。以下是我园公用活动室使用制度例举。

(一) 体检中心使用制度

1. 体检中心由幼儿园安排兼职教师负责管理。
2. 各班幼儿进入体检中心须进行登记(人数、时间)。
3. 引导幼儿遵守进行体检活动的秩序,不喧哗、打闹。
4. 爱护室内环境,工具器材能分类有序摆放,工具如有损坏应及时进行维修或向管理员报修。
5. 体检中心体检器材一般不外借。班级由于教学的需要,需借用工具器材时,必须经得管理人员同意,办理借用手续后才能带出儿童体检中心,并应在规定的时间内归还。如果有遗失或损坏,借用者负责赔偿。
6. 活动结束后教师应指导幼儿及时整理好体检器材工具。保育员应及时打扫,关闭门窗,切断电源。
7. 体检中心幼儿医护服装每月清洗一次。

(二) 布艺坊使用制度

1. 布艺坊由幼儿园安排兼职教师负责管理。
2. 各班幼儿进入布艺坊须进行登记(人数、时间)。
3. 班级幼儿根据安排进入木工坊进行活动,教师加强观察,指导幼儿正确使用各类编织、缝纫、印染工具材料,关注幼儿活动中的安全,缝纫机、热熔枪等工具由成人操作。
4. 教育幼儿有序活动,不喧哗打闹、各类针线不随意摆放,使用完毕应放回原处。
5. 爱护室内环境,工具材料能分类有序摆放。工具如有损坏应及时进行维修或向管理员报修。
6. 布艺坊工具材料一般不外借。班级由于教学的需要,需借用工具材料时,必须经得管理人员同意,办理借用手续后才能带出布艺坊,并应在规定的时间内归还。如果有遗失或损坏,借用者负责赔偿。
7. 活动结束后教师应指导幼儿及时整理好工具材料,不浪费。保育员应及时打扫,关闭门窗,切断电源。

(三) 木工坊使用制度

1. 木工坊由幼儿园安排兼职教师负责管理。
2. 各班幼儿进入木工坊须进行登记(人数、时间)。
3. 班级幼儿根据安排进入木工坊进行活动,教师应加强观察,指导幼儿正确使用木工工具。
4. 关注幼儿活动中的安全操作,如有意外发生,应立刻联系保健医生进行正确处理。
5. 教育幼儿有序活动,不喧哗打闹、不随意挥舞工具。
6. 爱护室内环境,工具材料能分类有序摆放。工具如有损坏应及时进行维修或向管理员报修。
7. 木工坊工具材料一般不外借。班级由于教学的需要,需借用工具材料时,必须经得管理人员同意,办理借用手续后才能带出木工坊,并应在规定的时间内归还。如果有遗失或损坏,借用者负责赔偿。
8. 活动结束后教师应指导幼儿及时整理好工具箱、木工材料,不浪费。保育员应及时打扫,关闭门窗,切断电源。
9. 木工坊围裙每月清洗一次。

(四) 美食坊管理制度

1. 美食坊由幼儿园安排兼职教师负责管理。
2. 各班幼儿进入美食坊须进行登记(人数、时间)。
3. 班级幼儿根据安排进入美食坊进行活动,教师应加强观察,指导幼儿正确使用各类炊事工具。
4. 正确指导幼儿活动中各项卫生操作,提供消毒好的餐具、工具,新鲜的各类食材。
5. 教育幼儿有序活动,不喧哗打闹。
6. 爱护室内环境,工具材料能分类有序摆放。工具如有损坏应及时进行维修或向管理员报修。
7. 美食坊工具材料一般不外借。班级由于教学的需要,需借用工具材料时,必须经得管理人员同意,办理借用手续后才能带出美食坊,并应在规定的时间内归还。如果有遗失或损坏,借用者负责赔偿。
8. 活动结束后教师应指导幼儿及时整理好工具材料,不浪费。保育员应及时打扫,关闭门窗,切断电源。

(五) 绘本馆、视听室管理制度

1. 绘本馆、视听室由幼儿园安排兼职教师负责管理。
2. 各班幼儿进入绘本馆、视听室须进行登记(人数、时间)。
3. 绘本馆、视听室是专门为幼儿设置的活动场所,绘本、视听器材一般不外借。
4. 班级幼儿根据安排进入绘本馆、视听室进行活动,教师进行指导。
5. 教育幼儿人人爱护图书,培养阅读图书的良好习惯,提高幼儿自主阅读的能力。
6. 室内保持清洁、安静,教育幼儿不喧哗打闹。
7. 爱护室内环境、工具,不乱丢纸屑、杂物。
8. 由于班级教学的需要,需借阅时,必须经得管理人员同意,办理借阅手续后才能带出幼儿绘本馆、视听室,并应在规定的时间内归还。如果有遗失或损坏,借阅者负责赔偿。
9. 活动结束后教师应指导幼儿及时整理好图书及其他工具。保育员应及时打扫,关闭门窗,切断电源。